百年豪门
MANCHESTER UNITED
曼彻斯特联

直笔体育百科系列

SINCE 1878

念洲　流年■著

北京时代华文书局

图书在版编目（CIP）数据

百年豪门 . 曼彻斯特联 / 念洲 , 流年著 . -- 北京 : 北京时代华文书局 , 2025. 4. -- ISBN 978-7-5699-5991-8
Ⅰ . G843.61

中国国家版本馆 CIP 数据核字第 2025XC1951 号

BAINIAN HAOMEN: MANCHESITE LIAN

出 版 人：陈　涛
选题策划：董振伟　直笔体育
责任编辑：马彰羚
执行编辑：孙沛源
责任校对：初海龙
装帧设计：严　一　迟　稳
责任印制：刘　银

出版发行：北京时代华文书局 http://www.bjsdsj.com.cn
　　　　　北京市东城区安定门外大街 138 号皇城国际大厦 A 座 8 层
　　　　　邮编：100011　电话：010-64263661　64261528

印　　刷：北京盛通印刷股份有限公司
开　　本：710 mm×1000 mm　1/16　　成品尺寸：170 mm×240 mm
印　　张：15　　　　　　　　　　　　字　　数：218 千字
版　　次：2025 年 4 月第 1 版　　　　 印　　次：2025 年 4 月第 1 次印刷
定　　价：68.00 元

本书图片由视觉中国提供。
版权所有，侵权必究
本书如有印刷、装订等质量问题，本社负责调换，电话：010-64267955。

卷首语

开篇先向球迷朋友们提出一个问题：你认为，英格兰足球历史上最伟大的球队是哪一支？

可能很多人的答案都是同一个：曼彻斯特联足球俱乐部（简称"曼联队"）。

这个答案有问题吗？当然没有！因为这支球队在历史上经历过无比辉煌的岁月，捧起过20座英格兰足球顶级联赛的冠军奖杯，没有任何球队能够与之匹敌，并且曼联队还曾三次夺得欧冠冠军，甚至在1999年成就了史无前例的"三冠王"伟业。

对于大多数80后、90后的中国球迷来说，小时候开始看英格兰超级联赛（简称"英超"），正好赶上了曼联队的鼎盛时期。

在弗格森爵士的带领下，"红魔"（曼联队的绰号）13次在联赛里称雄，成为英超创立以来的头号霸主。因此，曼联队也成了当今世界足坛最受欢迎、球迷数量最多的球队之一。

不过，曼联队并非一开始就是"曼联队"。它曾跌入过深渊谷底，也曾历经苦难沧桑，甚至险些因为一场空难而遭受灭顶之灾！

然而，曼联队之所以能成为"曼联队"，就是因为无论遇到怎样的艰难险阻，它总是能够一次次地从低谷、绝境中走出，重整旗鼓、重新崛起、重登巅

卷首语

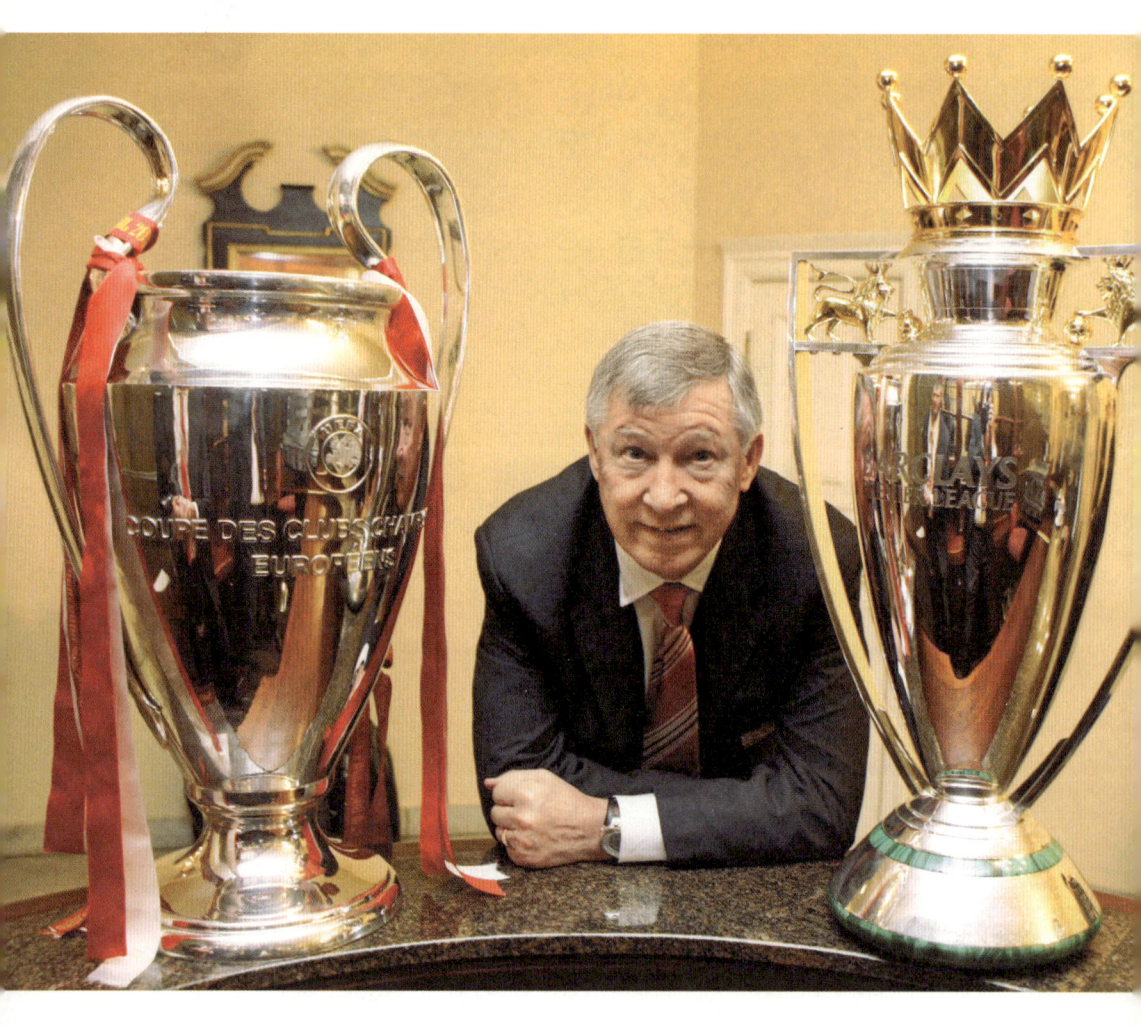

峰，这才锻造出后来者引以为豪的、永不放弃的"红魔精神"。

这种精神，在弗格森爵士退休之后也一直激励着曼联队众将士，激励着他们去重塑辉煌。同时，这种精神也让曼联队球迷对于球队的复兴仍然充满期待，哪怕球队上一次夺得英超冠军奖杯，已经是十多年之前的事情了。

接下来，我们就将聚焦这支拥有一百多年历史的英格兰足坛传统豪门球队，讲述那些或广为流传、或鲜为人知的伟大人物和伟大故事。

目 录 CONTENTS

第一章
曼联队的诞生

01 从牛顿希斯队，到曼彻斯特联队……2
02 曼联队：多谢曼城队兄弟啊……6
03 20冠的第一冠……10
04 老特拉福德球场，"梦剧场"……13

第二章
伟大的巴斯比

01 黎明前的黑暗……20
02 英雄降临，41年冠军归来……24
03 "巴斯比宝贝"……28
04 两连冠，以青春之名……32

第三章

慕尼黑空难

01 欧冠创立……38

02 突如其来的浩劫……41

03 来自皇马队的无私帮助……45

第四章

十年浴血重生 我以欧冠祭英灵

01 "三圣"齐聚，要干大事了……50

02 "红魔"浴血，重登巅峰……53

03 空难十年，终圆欧冠梦……57

第五章

"救世主"驾临

01 巴斯比荣休，曼联队坠入谷底……64

02 选接班人，选到降级……67

03 昙花一现，足总杯夺冠……70

04 弗格森，你咋才来呢？……74

05 拯救弗格森，拯救曼联队……79

第六章
辉煌的弗格森王朝（上）

01 国王驾到，26年无冠终结……84

02 "92黄金一代"……88

03 "双冠王"，祭奠巴斯比爵士……91

04 靠一帮孩子，你什么也赢不了！……95

05 30岁，"国王"突然告别……98

06 逆转，绝杀，铺就三冠之路……102

07 "诺坎普奇迹"，该死的足球！……107

第七章
辉煌的弗格森王朝（中）

01 三连冠，史无前例……114

02 "飞靴门"，师徒决裂……118

03 双子星：C罗与鲁尼……123

04 "吸血鬼"格雷泽家族……126

05 董方卓的荣耀与遗憾……129

06 再登欧洲之巅！……133

第八章

辉煌的弗格森王朝（下）

01　C罗的第一次离开……142

02　第二次三连冠，18冠追平利物浦队！……146

03　19冠！弗格森兑现承诺……150

04　"邻居太吵闹"……154

05　20冠，弗格森荣休！……158

第九章

接班弗格森：从莫耶斯到穆里尼奥

01　弗格森钦点接班人，莫耶斯早早失败……166

02　世界级名帅？"范厨师"！……171

03　穆里尼奥，遗恨"梦剧场"……176

第十章

困顿十年：从索尔斯克亚到滕哈赫

01　临危受命，索帅"真红魔"……184

02　朗尼克，闹剧一场……188

03　十年无冠，滕哈赫也非真命天子……191

荣耀殿堂

50大球星……198

队史最佳阵容……210

历届英超积分排名……211

冠军荣誉……212

纪录盘点……213

历史出场榜……214

历史进球榜……214

历任主帅及荣誉……215

历任队长……216

历任主席……216

主场变迁……217

队歌……219

联赛十大战役……220

欧洲赛事十大战役……225

中国情缘……230

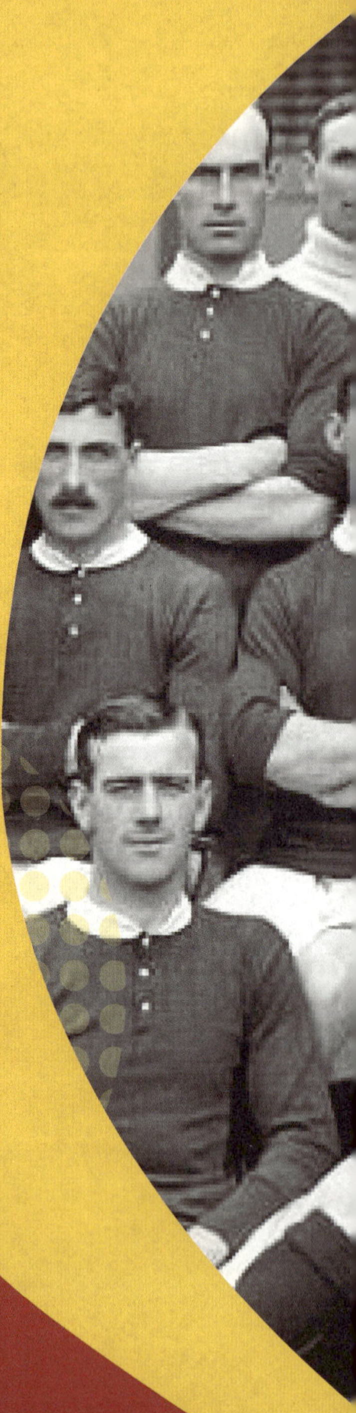

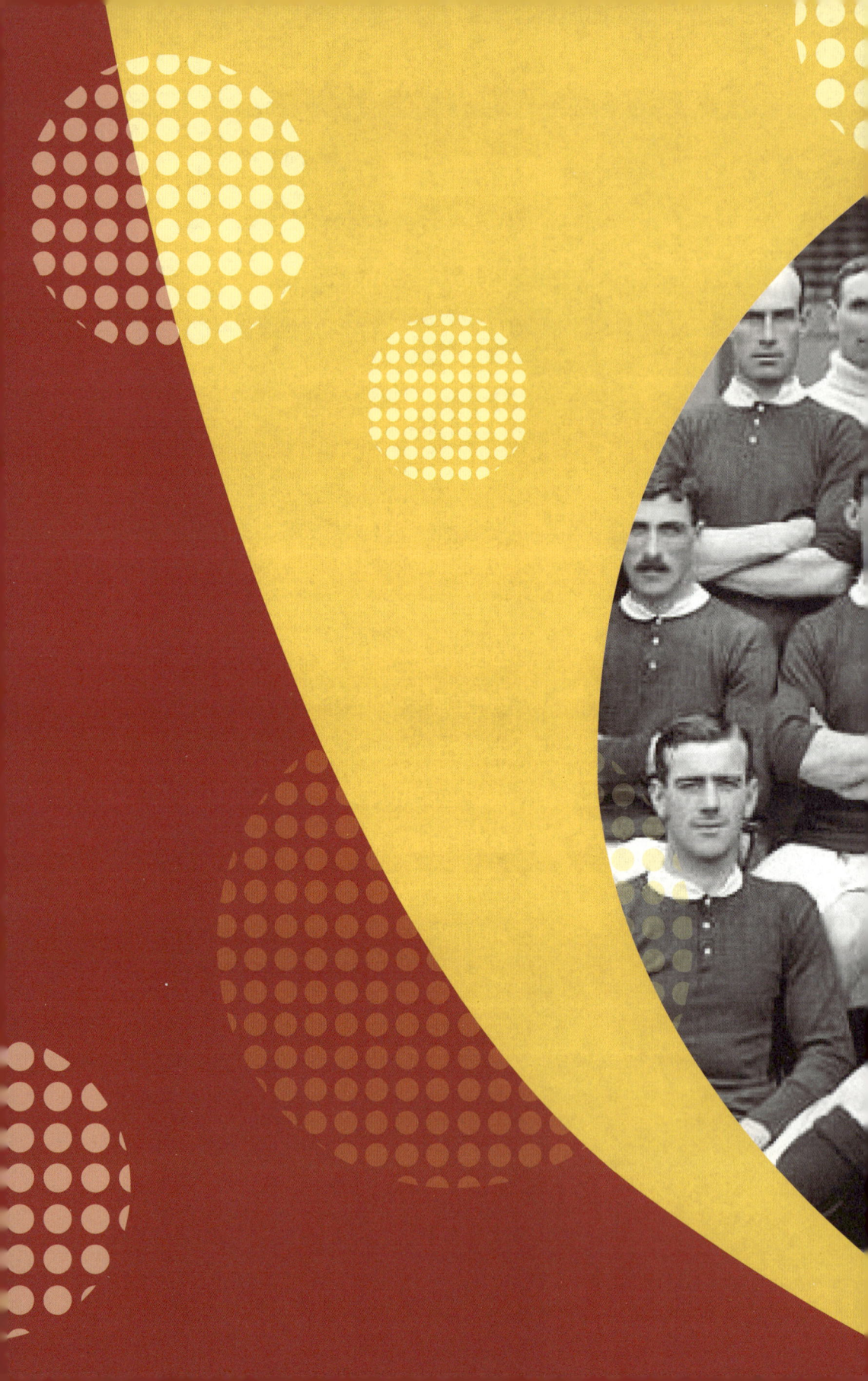

第一章
曼联队的诞生

一位名叫路易斯·罗卡的球迷认为，"曼彻斯特中心队"听着像火车站，"曼彻斯特凯尔特人队"太苏格兰化，还是"曼彻斯特联队"最合适。这一方案，最终得到了所有人的一致认可。

01

从牛顿希斯队，到曼彻斯特联队

曼联队的前身，叫作牛顿希斯LYR队，由总部位于牛顿希斯的兰开夏郡与约克郡铁路公司的员工创立。这支球队成立的初衷，只是工人们喜爱足球，希望能够和其他部门或其他铁路公司的球队进行比赛。

01 从牛顿希斯队，到曼彻斯特联队

曼联队的前身，叫作牛顿希斯LYR队，由总部位于牛顿希斯的兰开夏郡与约克郡铁路公司（英文缩写为"LYR"）的员工创立。这支球队成立的初衷，只是工人们喜爱足球，希望能够和其他部门或其他铁路公司的球队进行比赛。

1880年11月20日，牛顿希斯LYR队与博尔顿预备队进行了有历史记载的第一场比赛，当时牛顿希斯LYR队球员穿的是以绿色与金色为主色调的球衣。1885年，牛顿希斯LYR队正式转型成为一支职业球队，并于1892年与铁路公司彻底脱钩，成为一支独立球队，将队名中的"LYR"删掉，变成"牛顿希斯队"。

第一章 曼联队的诞生

然而进入职业联赛之后,牛顿希斯队实力相当平庸,在第一个赛季勉强保级之后,最终还是在第二个赛季不幸降级,而将其踢出顶级联赛的,正是日后球队的百年宿敌——利物浦队!

从那之后,牛顿希斯队便一直混迹于英格兰足球乙级联赛(简称"英乙"),而且还在20世纪初遭到重创!1902年,球队负债2670英镑,法院做出了破产清算的判决。就在这生死存亡的关键时刻,约翰·亨利·戴维斯扮演了"救世主"的角色。

约翰·亨利·戴维斯是曼彻斯特市当地一家酒厂的老板,他和牛顿希斯队结缘,是因为一条狗。1901年2月,为了筹集球队的运营资金,牛顿希斯队的球员在曼彻斯特的圣詹姆斯教堂举行义卖活动,队长哈利·斯塔福德把自己的爱犬带

01 从牛顿希斯队，到曼彻斯特联队

了过去，却不慎让它跑丢。正好在附近的约翰·亨利·戴维斯发现了这条狗，物归原主，两人也因此结交。

当得知牛顿希斯队面临解散时，约翰·亨利·戴维斯刚好对运营球队感兴趣，因而决定资助。

作为一名优秀的商人，约翰·亨利·戴维斯深知，牛顿希斯队想要重生，必须进行彻底的改造。

首先，他把球衣从绿金两色换成了上身红色、下身白色，更醒目、更简约，这一设计也沿用至今。

其次，改名。1902年4月24日，球队高层和球迷一起开会商讨新的队名，提出了好几个方案，比如"曼彻斯特中心队""曼彻斯特凯尔特人队"。一位名叫路易斯·罗卡的球迷认为，"曼彻斯特中心队"听着像火车站，"曼彻斯特凯尔特人队"太苏格兰化，还是"曼彻斯特联队"最合适。这一方案，最终得到了所有人的一致认可。

最后，也是对于这支球队至关重要的，就是约翰·亨利·戴维斯从伯恩利队挖来了厄内斯特·曼格纳尔。

02

曼联队：
多谢曼城队兄弟啊

曼联队最重要的一笔引援，是从同城对手曼城队那里得到了有"威尔士魔术师"之称的比利·梅雷迪斯。

02 曼联队：多谢曼城队兄弟啊

厄内斯特·曼格纳尔，1866年1月4日出生于英国兰开夏郡的博尔顿，年轻时当过门将。1900年3月，他在伯恩利队开始了自己的教练生涯，但未能帮助球队摆脱降级的结局。

但不得不说，约翰·亨利·戴维斯确实是独具慧眼，他力排众议聘请曼格纳尔担任曼联队的秘书。在那个时代，球队秘书的职能与后来的球队主教练差不多。不仅如此，约翰·亨利·戴维斯还慷慨地给了曼格纳尔3000英镑，让其到处网罗球员，这个金额在当时可不是一个小数目。

执教曼联队的第一年，曼格纳尔未能如愿率队升级，不过还是引进了三名非常重要的球员：门将哈里·莫格尔、中场查利·罗伯茨和迪克·达克沃思。后两位，再加上阿历克斯·贝尔，组成了曼联队的中场三人组，被后世认为足以媲美"三冠王"时代的大卫·贝克汉姆、保罗·斯科尔斯、罗伊·基恩、瑞恩·吉格斯。

当然，曼联队最重要的一笔引援，是从同城对手曼彻斯特城队（简称"曼城队"）那里得到了有"威尔士魔术师"之称的比利·梅雷迪斯。

比利·梅雷迪斯被认为是世界足坛早期最伟大的球星之一。他12岁开始在煤矿里干活，当了八年的矿工。后来比利·梅雷迪斯开始踢球，1894年加盟曼城队，率队夺得1898—1899赛季英乙冠军，并成功升入英格兰足球甲级联赛（简称"英甲"），他还在1904年足总杯决赛中取得唯一进球，帮助球队夺得冠军！

然而，一桩突如其来的丑闻改变了比利·梅雷迪斯、曼联队乃至整个英格兰足球的命运。1904—1905赛季的最后一天，曼城队2比3负于阿斯顿维拉队，痛

第一章 曼联队的诞生

失联赛冠军。阿斯顿维拉队的队长阿历克斯·雷克指控比利·梅雷迪斯用10英镑贿赂他输掉比赛。

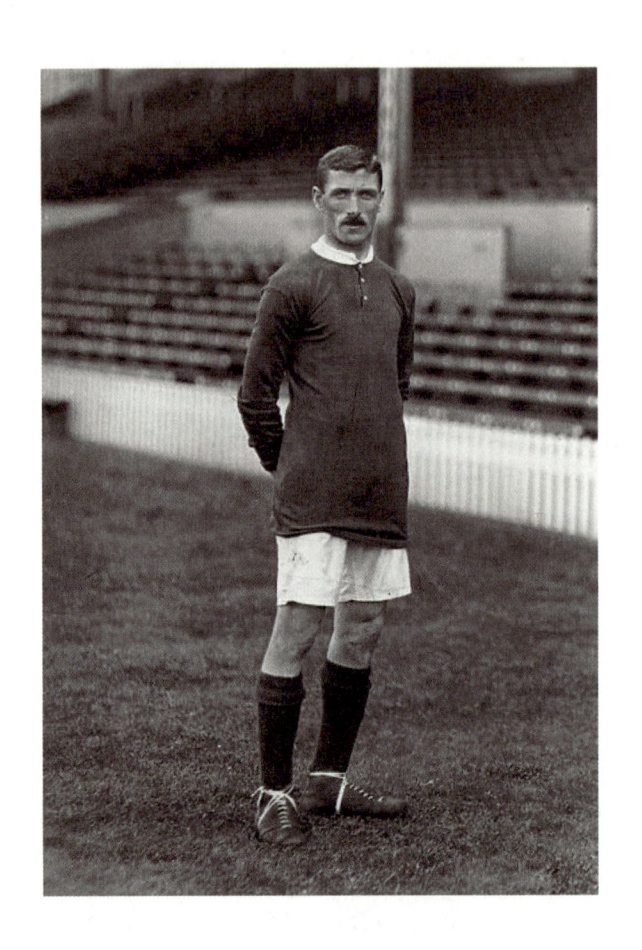

虽然比利·梅雷迪斯矢口否认，但英格兰足球总会（简称"英足总"）还是宣布对包括他在内的多名曼城队球员处以总计900英镑的罚款，并且禁赛一年。

曼城队拒绝为比利·梅雷迪斯提供资金援助，于是他一怒之下揭了东家的老底：球队管理层对"每名球员周薪最高为4英镑"的规定置若罔闻，给球员额外的灰色收入，违反了英足总的限薪令。

02 曼联队：多谢曼城队兄弟啊

英足总闻讯后立刻着手调查，并最终做出决定：曼城队被处以250英镑的罚款，主教练汤姆·马利被终身禁止参与足球运动，17名球员被禁赛至1907年1月，而且禁赛期结束后不能再为曼城队效力，其他球员则被拍卖。

曼城队球员的拍卖会在曼彻斯特的女王酒店举行，曼格纳尔一口气签下了4人，其中就包括花费500英镑签下的比利·梅雷迪斯，另外三名球员是赫伯特·布尔格斯、桑迪·特恩布尔和詹姆斯·班尼斯特，他们后来都成为曼联队的主力。

03

20冠的第一冠

到2023—2024赛季结束，曼联队一共夺得了20个英格兰足球顶级联赛的冠军，包括英甲时期的7冠以及英超成立之后的13冠，位居历史第一。而这20冠里的头一个，自然别具意义。

03　20冠的第一冠

执教曼联队的第三个赛季，也就是1905—1906赛季，曼格纳尔终于率队杀入了英甲。不过接下来的1906—1907赛季，曼联队最终排在联赛第八，还是无力争冠。

直到1907—1908赛季，属于曼联队的时代，终于来了！

该赛季第一场主场比赛，曼联队面对的就是利物浦队。当时的利物浦队已经两次夺得英甲冠军，而曼联队还是两手空空。然而结果出乎所有人意料，从曼城队加盟的桑迪·特恩布尔上演帽子戏法，曼格纳尔的球队竟然取得了4比0的胜利！

这场大捷，让曼联队士气大涨，越战越勇，一度取得10连胜，而且10场比赛一共打入37球，相当惊人！

尤其是在圣詹姆斯公园球场6比1大胜上赛季冠军纽卡斯尔联队一战，比利·梅雷迪斯展现出巨星风采，不仅攻入一球，还上演助攻帽子戏法！而在主场4比2击败阿森纳队的比赛中，桑迪·特恩布尔再次大发神威，完成"大四喜"！

进入1908年，曼联队状态略有起伏，先是在足总杯八强比赛中1比2不敌富勒姆队，无缘"双冠王"；接着又在联赛客场4比7不敌利物浦队，被后者成功"复仇"。

不过，这两场失利也彻底激发了曼联队争夺联赛冠军的欲望，曼格纳尔的球队迅速回到胜利轨道，再次拉开与追赶者之间的差距。

第32轮联赛到来之前，曼联队迎来了好消息：由于争冠对手纽卡斯尔联队和

第一章 曼联队的诞生

谢菲尔德星期三队双双失利，曼联队只要能在古迪逊公园球场战胜埃弗顿队，就将提前6轮夺得联赛冠军。

来到"冠军点"，曼联队没有掉链子，以3比1的比分干脆利落地带走3分，就此锁定了球队历史上第一座英格兰足球顶级联赛冠军奖杯！

到2023—2024赛季结束，曼联队一共夺得了20个英格兰足球顶级联赛的冠军，包括英甲时期的7冠以及英超成立之后的13冠，位居历史第一。而这20冠里的头一个，自然别具意义。当然，那时恐怕没有人会想到，未来的百余年时间里，曼联队还会在荣誉簿上再添19冠。

04

老特拉福德球场，"梦剧场"

在连夺英甲和足总杯冠军之后，约翰·亨利·戴维斯认为银行街球场的设施已经配不上球队的冠军身份，所以决定集资兴建一座新球场。

第一章 曼联队的诞生

问鼎英甲之后,曼联队又马不停蹄地战胜女王公园巡游者队,捧起了慈善盾杯的奖牌。不过遗憾的是,1908—1909赛季,曼格纳尔未能率队在联赛中成功卫冕,而且早早就退出了对联赛冠军的争夺。

但是,曼联队也有巨大收获,那就是历史性地进入了足总杯决赛,对手是布里斯托尔城队。由于两队的球衣主色都是红色,曼联队最终选择将球衣更换为白衣白裤,胸前印了一个红色的字母"V"。最终,凭借桑迪·特恩布尔的进球,曼联队1比0取胜,夺得了球队历史上首个足总杯冠军!

拿下三项赛事的冠军,曼格纳尔当之无愧地成为曼联队的第一位伟大主帅。

04 老特拉福德球场，"梦剧场"

但遗憾的是，他既没能在联赛赛场上成功卫冕，也没能在足总杯赛场上成功卫冕，在紧接着的1909—1910赛季，曼联队遭遇了"四大皆空"。

不过在这个赛季里，一件更具历史意义的事情发生了：1910年2月19日，曼联队搬入了老特拉福德球场，从此，"梦剧场"（老特拉福德球场的绰号）成为曼联队的主场，直至今天。

在此之前，曼联队有过两个主场，分别是北路球场和银行街球场，但两座球场的条件都不怎么好。在连夺英甲和足总杯冠军之后，约翰·亨利·戴维斯认为银行街球场的设施已经配不上球队的冠军身份，所以决定集资兴建一座新球场。

苏格兰的著名建筑师阿奇博尔德·里奇成为新球场的设计者，他还设计过海布里球场、斯坦福桥球场、安菲尔德球场、汉普顿公园球场、维拉公园球场、古迪逊公园球场、白鹿巷球场、克拉文农场球场等英国著名球场。

第一章 曼联队的诞生

按照原计划，老特拉福德球场可容纳观众人数为100000人，总造价为60000英镑。但在建设过程中，曼联队发现，如果真要建造一座可容纳100000人的球场，总造价将增加到90000英镑，所以只能将容纳人数削减为80000人——现在"梦剧场"的容量约为76000人。

1910年2月19日，曼联队迎来在老特拉福德球场的揭幕战，对手竟然又是利物浦队！可惜的是，曼格纳尔的球队最终以3比4告负。但无论如何，曼联队在这里结束了1909—1910赛季，开启了1910—1911赛季。

1910年夏天，曼格纳尔引进了4名新援，包括英甲前最佳射手伊诺·维斯特。曼联队在新赛季的开局相当不错，联赛前八轮球队取得7胜1负，势不可挡。进入1911年之后，球队又连续九场比赛不败，排名攀登至积分榜榜首。不过，阿斯顿维拉队的发挥也非常出色，两队一直紧咬积分，竟然竞争到了最后一轮！

最后一轮，曼联队在老特拉福德球场5比1战胜桑德兰队，而阿斯顿维拉队则1比3负于利物浦队。这样一来，曼联队就以1分优势夺冠，第二次问鼎英甲！

04 老特拉福德球场，"梦剧场"

四年两夺联赛冠军，还有一个足总杯冠军，曼联队第一次成为英格兰足坛的霸主。然而让人意想不到的是，1911年的慈善盾杯冠军，竟会是曼格纳尔为这支球队带来的最后一座桂冠！

1911—1912赛季，曼联队战绩堪忧，最终仅仅排在联赛第13位。曼格纳尔受到来自球迷和舆论的巨大压力，于1912年9月辞去帅位，转而前往曼城队执教……

曼格纳尔的离开，意味着曼联队第一个辉煌时代的终结。从那之后，曼彻斯特的红色一方一直在苦苦等待着第三个顶级足球联赛冠军，但这一等就是41年，直到马特·巴斯比的到来。

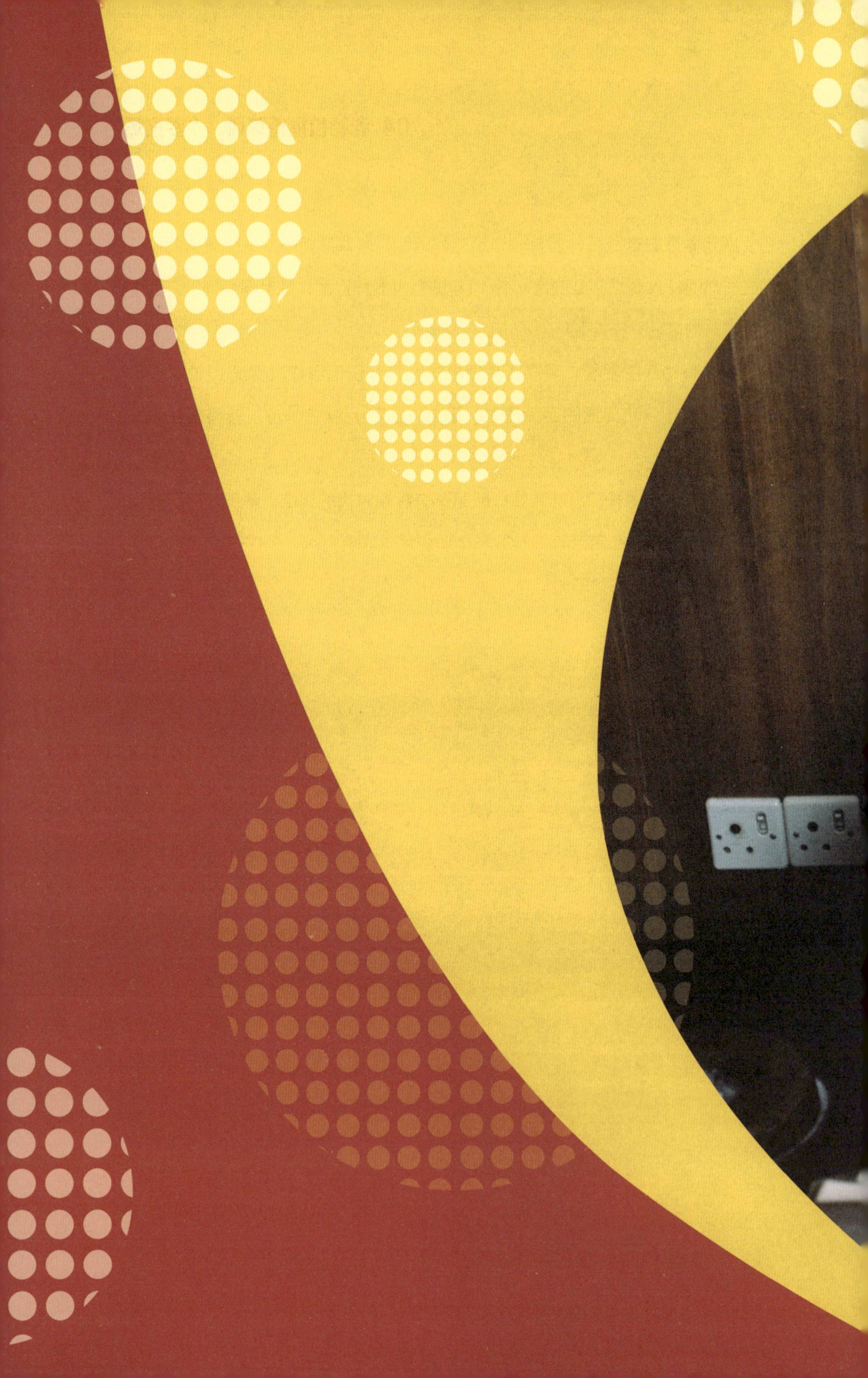

第二章
伟大的巴斯比

直到1949年8月24日，老特拉福德球场才终于修缮完毕，重新成为曼联队的主场。而在此之前，一个崭新的时代已经到来，因为马特·巴斯比来了。

01

黎明前的黑暗

老板换了，教练也换了，斯科特·邓肯兼任球队第二秘书和主教练，但曼联队依旧只能在英乙徘徊，直到1935—1936赛季才好不容易恢复元气，夺得英乙冠军，重返英甲。可仅仅待了一个赛季，曼联队就又降回到了英乙，简直就是"升降机"！

01 黎明前的黑暗

曼格纳尔离任之后，曼联队请来了担任过16年英足总主席的约翰·詹姆斯·本特利，担任球队的主教练兼第二秘书。然而本特利精于管理，却并不擅长执教，"红魔"未能摆脱颓势。于是在1914—1915赛季，曼联队终于决定废弃主教练和第二秘书兼任制，改由两人分别担任。

这样一来，本特利还是球队秘书，从布莱顿队加盟的杰克·罗布森，则成为曼联队历史上第一任正式主教练，或者说是专职主教练。

可还没等曼联队重整旗鼓，第一次世界大战就爆发了，足球联赛被迫停摆，包括曼联队在内的所有球队只能去参加一些小规模的地区性比赛。更让人遗憾的是，曼联队功勋名将桑迪·特恩布尔在1917年5月3日战死于法国北部的阿拉斯，年仅32岁。

1919年8月，英甲终于重新开赛，但此时的曼联队只剩下比利·梅雷迪斯这一位在一战爆发前就已加盟球队的球员，而且他已经45岁了，自然不受时任主帅约翰·查普曼的信任和重用。

眼看曼联队的战绩没有起色，自己又难获出场机会，比利·梅雷迪斯决定在1921—1922赛季离队，重回老东家曼城队，也再次在曼格纳尔的麾下效力。结果呢？曼联队在那个赛季的42场比赛里只赢了8场，不幸降入英乙！

这一降，就是三年，直到1924—1925赛季末，曼联队才重返英甲，但主帅约翰·查普曼因为"不正当举措"遭到英足总的指控，被球队解雇，于是32岁的球员乔治·希尔迪奇临危受命，担任兼职主帅，直到赫伯特·巴姆莱特正式上任。

第二章 伟大的巴斯比

不过,换帅还是没能拦住曼联队战绩下滑的脚步。在经历了连续几个赛季的惊险保级之后,球队在1930—1931赛季开局惨遭12连败,最终42轮联赛输掉27场,惨遭降级!

雪上加霜的是,约翰·亨利·戴维斯已经在三年前去世了,球队再次陷入经济危机,面临破产窘境。好在,这一次还是有贵人相助,制衣厂老板詹姆斯·威廉·吉布森掏出30000英镑,收购了曼联队。

老板换了,教练也换了,斯科特·邓肯兼任球队第二秘书和主教练,但曼联队依旧只能在英乙徘徊,直到1935—1936赛季才好不容易恢复元气,夺得英乙冠军,重返英甲。可仅仅待了一个赛季,曼联队就又降回到了英乙,简直就是"升降机"!

斯科特·邓肯引咎辞职,沃尔特·克里格默接任主教练一职——未来八年,他都将是曼联队的主教练。但两年之后,第二次世界大战全面爆发,而且让曼联队蒙受了巨大的损失!

01 黎明前的黑暗

1941年3月11日晚,两枚来自德国空军的炸弹落在了老特拉福德球场,把大半个球场(包括主看台、更衣室、办公室)夷为平地。

这场浩劫,让曼联队暂时失去了自己的主场,只能以每年5000英镑再加部分门票收入分成的代价,向曼城队租用缅因路球场。同时,经过再三斡旋,曼联队主席詹姆斯·威廉·吉布森争取到了22278英镑来重修老特拉福德球场。

直到1949年8月24日,老特拉福德球场才终于修缮完毕,重新成为曼联队的主场。而在此之前,一个崭新的时代已经到来,因为马特·巴斯比来了。

02

英雄降临，
41年冠军归来

从1911年到1952年，这个冠军，曼联队苦苦等了41年。如今，这一天终于到来，而这一切，都是因为英雄巴斯比的降临。

02 英雄降临，41年冠军归来

1945年，第二次世界大战结束，英格兰足球联赛重启，曼联队也开始艰难重建，而球队的一项任命，却让所有人都感到意外：一个叫马特·巴斯比的新手，竟然成为主教练！

1909年5月26日，马特·巴斯比出生于苏格兰格拉斯哥地区的南拉纳克郡，从小就显露出不俗的足球天赋。1928年，他来到曼城队，后来帮助球队夺得足总杯冠军；1936年，他又以8000英镑的转会费加盟利物浦队，不久之后就成为中场核心和队长。

二战爆发之后，巴斯比应征入伍，在部队里还当过临时足球比赛的教练。战争结束之后，利物浦队同意聘用他为教练组成员，但当曼联队的邀请来到时，巴斯比果断地选择了曼联队，因为他并不想当助理教练，而是想全盘掌控球队。

1945年2月19日，巴斯比直接来到曼联队主席詹姆斯·威廉·吉布森的办公室，提出了自己的要求：无论训练、比赛名单、球员转会，都必须由自己经手！吉布森一概应允。

于是在这一年的10月1日，巴斯比正式走马上任，成为曼联队的主教练。

上任之后，巴斯比立刻邀请吉米·墨菲担任自己的助手。他曾经观摩过墨菲的一堂训练课，印象深刻，所以说服墨菲加入自己的教练团队，并且担任曼联队的助理教练。

紧接着，独掌球队大权的巴斯比安排杰克·罗利担任中锋，引进桑德兰队的边锋吉米·德莱尼，提拔青训球员查理·米顿。这些球员和斯坦·皮尔森、约翰

第二章 伟大的巴斯比

尼·莫里斯，组成了曼联队的全新锋线。

苏格兰人的到来，效果立竿见影。二战结束后的第一个赛季，也就是1946—1947赛季，曼联队就一举获得英甲亚军，而且只比冠军利物浦队少1分，这已经是曼联队近36年以来的最佳战绩！

1948年，新老结合日臻成熟的曼联队在足总杯决赛中击败布莱克浦队，收获了球队在二战后的首座冠军奖杯，时隔近40年，再度将足总杯冠军奖杯捧回球队的荣誉陈列室。此后三个赛季，曼联队两次夺得联赛亚军，距离冠军只有一步之遥。

正所谓水到渠成，1951—1952赛季，该来的终于还是来了！在巴斯比的带领下，曼联队虽然开局不是很理想，但很快便奋起直追，靠着从11月下旬开始的

02 英雄降临，41年冠军归来

连续16轮不败站稳脚跟，随后又以连续6轮不败强势冲刺。

最终，曼联队42轮拿到57分，以4分优势力压托特纳姆热刺队（简称"热刺队"）和阿森纳队，夺得球队历史上第三个顶级联赛冠军！

从1911年到1952年，这个冠军，曼联队苦苦等了41年。如今，这一天终于到来，而这一切，都是因为英雄巴斯比的降临。

不过遗憾的是，已经担任曼联队主席20年之久的詹姆斯·威廉·吉布森，却没能目睹冠军奖杯重回"梦剧场"。1951年9月，吉布森与世长辞，享年73岁。

03

"巴斯比宝贝"

巴斯比极其重视青少年球员的引进与培养，亲手建立了曼联队的青训体系，设立多级球探系统，而且和各个学校的体育部门联系，四处网罗人才，将选材范围扩大到整个英国，同时也欢迎小球员主动报名。

03 "巴斯比宝贝"

说起来,让曼联队球迷最开心的并不仅是这座联赛冠军奖杯,还有年轻球员的迅速崛起,这当然也是巴斯比的功劳。

巴斯比极其重视青少年球员的引进与培养,亲手建立了曼联队的青训体系,设立多级球探系统,而且和各个学校的体育部门联系,四处网罗人才,将选材范围扩大到整个英国,同时也欢迎小球员主动报名。

从1948年开始,巴斯比给予从曼联队青训系统里涌现出来的年轻球员以登

第二章 伟大的巴斯比

场机会，他们也迅速成长。1952—1953赛季，杰基·布兰奇弗劳尔和罗杰·拜恩成为绝对主力，汤米·泰勒、丹尼斯·维奥莱特坐上主力位置，邓肯·爱德华兹、比尔·福尔克斯也进入了一线队。

尤其是邓肯·爱德华兹，被誉为"不世出的超级天才"。1953年4月，他年仅16岁零185天就为曼联队出场亮相，成为英格兰甲级联赛历史上最年轻的出场球员！

邓肯·爱德华兹少年老成，身体素质出众，脚下技术精湛，擅长长传和远射，能踢多个中场位置，而且还曾在1957年足总杯决赛中客串中后卫，发挥依然非常稳定。

从1953年开始，曼联青年队便在青年足总杯这项赛事中实现了惊人的五连冠。而到了1954年2月，年仅23岁的罗杰·拜恩已经戴上了曼联队的队长袖标。

03 "巴斯比宝贝"

《曼彻斯特晚报》的记者汤姆·杰克逊在文章中写道:"这些'巴斯比宝贝'(The Busby's Babes)就像划过天空的彩虹一样美丽,他们有激情、有斗志,又很冷静自信;充满梦想,能量巨大;青春洋溢,闪耀光芒。他们表演着各种让人眼花缭乱的技术,默契的配合充满想象力,他们毫不畏惧受伤和挫折,永远不会累,永远欢乐地奔跑,就像是青春的旋风。"

从这一刻开始,"巴斯比宝贝"这一名称正式诞生,并且将在不久的将来名垂青史。

04

两连冠，以青春之名

以青春之名，巴斯比执教的曼联队充满蓬勃的朝气，年轻的天才肆意挥洒着激情与汗水，释放着想象力与创造力，在场上打出让人眼花缭乱的配合，踢出一场场酣畅淋漓的比赛，征服了越来越多的球场，以及越来越多的球迷。

04 两连冠,以青春之名

　　以青春之名,巴斯比执教的曼联队充满蓬勃的朝气,年轻的天才肆意挥洒着激情与汗水,释放着想象力与创造力,在场上打出让人眼花缭乱的配合,踢出一场场酣畅淋漓的比赛,征服了越来越多的球场,以及越来越多的球迷。不仅在曼彻斯特本地,在伦敦、伯明翰、谢菲尔德,"红魔"拥趸的数量也在急剧增长。

1955—1956赛季,这支球员平均年龄只有22岁的"红魔"开始以不可阻

第二章 伟大的巴斯比

挡的气势狂飙突进，大杀四方。特别是在下半个赛季，巴斯比的球队只输了一场比赛！最终42轮战罢，曼联队以11分的巨大优势完胜布莱克浦队，联赛第四冠到手！

1956—1957赛季，曼联队继续展现超强的实力，邓肯·爱德华兹、罗杰·拜恩、汤米·泰勒、丹尼斯·维奥莱特、大卫·佩格等球员一路浩浩荡荡，所向无敌，最终成功卫冕！

42场比赛，曼联队一共打入103球，创造了球队的单赛季顶级联赛进球纪录；同时，曼联队还拿下64分，创造了2分制时代英格兰足球顶级联赛的单赛季历史积分纪录。

唯一的遗憾，就是曼联队虽然杀入了足总杯决赛，但是1比2不敌阿斯顿维拉队，屈居亚军，未能成就"双冠王"。

值得一提的是，这个赛季还有一名更年轻的青训球员迎来了在曼联一线队的首秀，他的名字叫作博比·查尔顿。

04 两连冠，以青春之名

1937年10月11日，博比·查尔顿出生于诺森伯兰郡阿欣顿城的一个足球世家，在父亲的影响下从小就开始踢足球。9岁时，他进入阿欣顿少年队，12岁时，他又加入曼联少年队。

15岁时，博比·查尔顿入选英格兰学生代表队，随后就被曼联队的著名球探乔·阿姆斯特朗相中，在1953年1月以业余球员的身份加入球队。此后，他作为曼联青年队的主力，连续夺得1954年、1955年、1956年三届英格兰青年足总杯的冠军。

1956年10月6日，即将19岁的博比·查尔顿在曼联队与查尔顿竞技队（简称"查尔顿队"）一战中迎来了个人的首场正式比赛，从此开始了传奇般的足球生涯和人生旅程。当然，那是遥远的后话了，而就在一年多之后，他和曼联队将一起经历一场前所未有的浩劫！

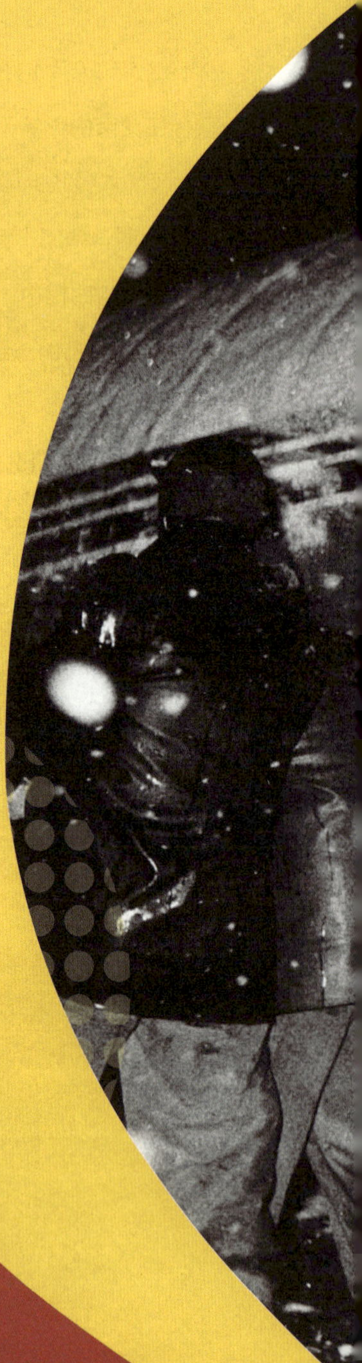

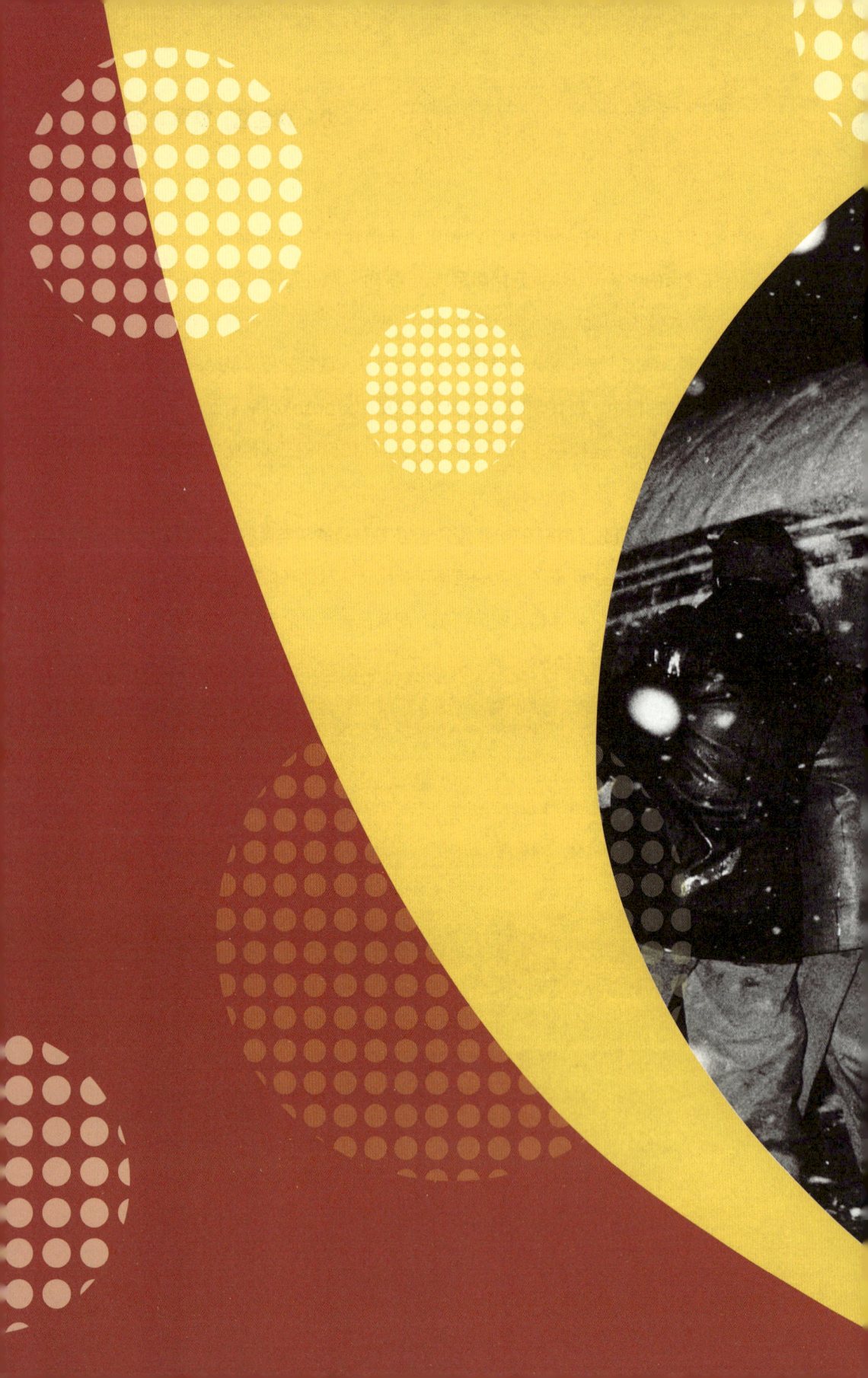

第三章
慕尼黑空难

最终的比分是3比0，"红魔"晋级，但老特拉福德球场没有欢声笑语，因为在所有球迷看来，参加这场比赛的本该是另一群球员，而那些球员，已经永远无法参加任何比赛了。

01

欧冠创立

1956年9月12日,曼联队来到比利时的布鲁塞尔,客场挑战安德莱赫特队,这不仅是"红魔"历史上第一场欧冠比赛,也是英格兰球队在欧冠赛场上的首秀,意义还是相当重大的。

01 欧冠创立

在讲述这场浩劫之前，先来说说20世纪50年代世界足坛的一桩大事件，那就是欧洲冠军俱乐部杯（欧洲冠军联赛的前身，统一简称"欧冠"）的创立。

1955年，由法国著名体育媒体《队报》发起、欧洲足球联合会（简称"欧足联"）负责组织的欧冠正式揭幕，当时的欧冠只有各足球协会的联赛冠军才有资格参加。首届赛事，共有16支联赛冠军球队收到了参赛邀请，其中就包括1954—1955赛季英甲冠军切尔西队。

不过，英足总坚决不允许英格兰球队参加本土之外的足球赛事，无奈之下，切尔西队只能选择拒绝。但是，欧冠的组织者并没有放弃，一年之后，又向1955—1956赛季的英甲冠军曼联队发出邀请。

第三章 慕尼黑空难

已经称霸英伦的曼联队和巴斯比对此大喜过望，他们都希望能够到欧洲的舞台上去证明自己。顽固不化的英足总一如既往地阻拦，但是这一次，曼联队态度非常强硬，最终还是得到了想要的结果。

于是在1956年9月12日，曼联队来到比利时的布鲁塞尔，客场挑战安德莱赫特队，这不仅是"红魔"历史上第一场欧冠比赛，也是英格兰球队在欧冠赛场上的首秀，意义还是相当重大的。

这场比赛，曼联队以2比0轻松取胜。次回合回到主场，"巴斯比宝贝"更是势不可挡，竟然打出10比0的比分，轻松通过资格赛的考验，进入欧冠正赛。

当时的欧冠正赛还没有小组赛阶段，每一轮都是淘汰赛。曼联队第一轮淘汰了德国的多特蒙德队，第二轮逆转击败了西班牙的毕尔巴鄂竞技队，首次参赛就跻身四强。

可惜的是，曼联队在半决赛遇到了拥有阿尔弗雷多·迪斯蒂法诺、费伦茨·普斯卡什、帕科·亨托等巨星的上一届欧冠冠军皇家马德里队（简称"皇马队"）。首回合，"巴斯比宝贝"与对手大打对攻，在伯纳乌球场以1比3遗憾告负。次回合，他们与皇马队激战更酣，最终2比2握手言和，曼联队还是无缘决赛。

不过，这次欧冠之旅让曼联队信心大增，丹尼斯·维奥莱特和汤米·泰勒更是分别以9球和8球占据欧冠射手榜的前两位，所以，巴斯比和他的球队已经做好了称霸欧洲足坛的准备。殊不知，那场浩劫距离曼联队，越来越近了。

02

突如其来的浩劫

病床上的巴斯比,一个个喊出曼联队球员的名字,而巴斯比的夫人,只能用点头或者摇头,来表明他们的生死。最终,他得知7名球员当场死亡,邓肯·爱德华兹在医院中不治身亡。

第三章 慕尼黑空难

1957—1958赛季，雄心勃勃的曼联队再战欧冠。资格赛，曼联队以两回合9比2的总比分轻松淘汰了来自爱尔兰的沙姆洛克流浪者队；正赛第一轮对阵捷克的布拉格杜克拉队，"巴斯比宝贝"首回合就以3比0为晋级奠定基础，哪怕次回合0比1爆冷输球，也不妨碍球队进入八强。

1958年1月14日，欧冠1/4决赛首回合，曼联队主场迎战南斯拉夫的贝尔格莱德红星队。"梦剧场"之战，虽然对手率先取得领先，但曼联队还是依靠博比·查尔顿和埃迪·科尔曼的进球顽强逆转，先声夺人。

两队的第二回合比赛，在1958年2月5日举行。来到贝尔格莱德，博比·查尔顿再发神威，梅开二度，上半场曼联队就已经3比0领先！虽然下半场被对手连追3球扳平，但曼联队将士众志成城，还是守住了3比3的果实，连续两年晋级欧冠四强。

第二天，也就是1958年2月6日，在约翰尼·贝里花了一个小时找回了遗失的护照之后，曼联全队球员、教练、工作人员，以及随队记者和少量其他人员，登上了英国欧洲航空公司第609次航班、编号为G-ALZU的空速"大使"型双引擎飞机"波利勋爵号"。

不久之后，飞机来到慕尼黑补充燃料。贝尔格莱德天气晴朗，但慕尼黑冰天雪地。工作人员要给飞机加油，所有乘客都来到航站楼稍事休息。

下午2点20分，在降落一个小时之后，所有乘客被告知飞机已经准备就绪，一队人马重新登机。然而在飞机起飞的过程中，发动机发出异响，压力表指数不

02 突如其来的浩劫

停波动，第一次起飞失败。三分钟后，机长詹姆斯·泰恩决定再次尝试起飞，但在40秒之后因为相同的原因再次失败，所有乘客只能回到休息厅等待消息，工作人员对飞机进行技术检修。

此时，慕尼黑下起鹅毛大雪。在等待过程中，邓肯·爱德华兹还给自己的房东发去一封电报："所有航班取消，明天才能回家。"工程师也建议第二天再起飞。但飞行员急于按照既定计划完成飞行，他认为只要在起飞过程中打开节流阀的动作再慢一点就没问题，因为跑道的距离足够长。

于是，休息厅的广播告知所有乘客回到飞机上。其实这时候，曼联队的球员们心里已经有些担心，他们离开座位去了飞机后部，因为那里似乎更加安全。

下午3点04分，机长第三次尝试起飞，飞机在跑道上加速，发动机却再次出现问题。当速度达到217千米/小时时，如果选择放弃起飞就太危险了，两位飞行员只好硬着头皮继续尝试起飞，结果悲剧发生了：

第三章 慕尼黑空难

飞机冲出了跑道，撞上了机场周围的围栏和一幢房屋。机上的全部44名乘客当中，有20人当场死亡，其中包括7位曼联队球员，他们是：杰夫·本特、罗杰·拜恩、埃迪·科尔曼、马克·琼斯、大卫·佩格、汤米·泰勒、比利·惠兰。

门将哈里·格雷格幸免于难，他在恢复意识之后发现自己只是头部受到皮外伤，于是奋不顾身地冲回机舱，救出了一对母女以及丹尼斯·维奥莱特和昏迷不醒的博比·查尔顿。

伤员们立刻被送往慕尼黑当地的医院，其中包括主帅马特·巴斯比和核心球员邓肯·爱德华兹。

巴斯比身负重伤，他的家人们甚至两次为他做了临终祈祷，所幸这位曼联队主帅福大命大，最终逃过一劫，在事故发生的三周之后终于恢复意识。清醒之后，他问的第一个问题就是曼联队的球员怎么样了。原本医生不同意告诉他噩耗，但巴斯比非常坚持，于是只能由他的夫人来代为转达。

病床上的巴斯比，一个个喊出曼联队球员的名字，而巴斯比的夫人，只能用点头或者摇头，来表明他们的生死。最终，他得知7名球员当场死亡，邓肯·爱德华兹在医院中不治身亡。

年轻的天才邓肯·爱德华兹在事故发生一周之后，伤势曾经出现过好转，他还跟曼联队的助教吉米·墨菲说过，自己不想错过下一场足总杯比赛。然而遗憾的是，奇迹没有再次发生，1958年2月21日，邓肯·爱德华兹告别了人世，年仅21岁！

03

来自皇马队的无私帮助

皇马队的帮助，令曼联队非常感激，从那之后，两大豪门球队一直保持着相当友好的关系。不过巴斯比和曼联队的所有人都知道，想要重建，终究还得靠自己。

第三章　慕尼黑空难

真正逃过一劫的，就是吉米·墨菲了。因为被临时安排担任威尔士队的主教练，他没有随队前往贝尔格莱德。在空难发生、巴斯比住院的情况下，吉米·墨菲临危受命，成为曼联队的代理主教练。

2月19日，邓肯·爱德华兹临终之前依然念念不忘的那场足总杯比赛打响。那是慕尼黑空难发生之后曼联队的首场比赛，主场迎战谢菲尔德星期三队，吉米·墨菲差点儿就无法凑齐11人的首发名单。

03 来自皇马队的无私帮助

最终的比分是3比0，"红魔"晋级，但老特拉福德球场没有欢声笑语，因为在所有球迷看来，参加这场比赛的本该是另一群球员，而那些球员，已经永远无法参加任何比赛了。

原本领跑联赛积分榜的曼联队，在空难的沉重打击下，最终仅获得英甲的第九名。不过让人意想不到的是，吉米·墨菲竟然带着一帮之前的替补和青年队球员闯入了足总杯决赛！更令人意想不到的是，马特·巴斯比在5月3日举行的这场决赛中回归！

虽然曼联队最终0比2不敌博尔顿队，无缘冠军，但温布利大球场的数万名观众还是毫不吝啬地将热烈的掌声献给了亚军。

五天之后，巴斯比又带着8名丧生球员未竟的梦想，与曼联队一起重新站上了欧冠赛场。半决赛对阵AC米兰队，曼联队首回合主场2比1逆转取胜。然而次回合在圣西罗球场，AC米兰队绝地反击，以4比0的比分击败曼联队，晋级决赛。

鲜为人知的是，在慕尼黑空难后的第二天，皇马队的主席圣地亚哥·伯纳乌就曾倡议，将欧冠冠军奖杯授予曼联队，但该提议并未得到通过。此后，伯纳乌还积极推动已经无缘欧冠的曼联队参与1958—1959赛季的欧冠抽签，但被英足总给拒绝了。

另外，为了缓解曼联队缺兵少将的困难局面，伯纳乌还说服了皇马队的巨星迪斯蒂法诺同意租借加盟曼联队一个赛季。然而，英足总再一次当了拦路虎，竟然以迪斯蒂法诺不会说英语为由，拒绝承认这笔交易的合法性！

皇马队的帮助，令曼联队非常感激，从那之后，两大豪门球队一直保持着相当友好的关系。不过巴斯比和曼联队的所有人都知道，想要重建，终究还得靠自己。

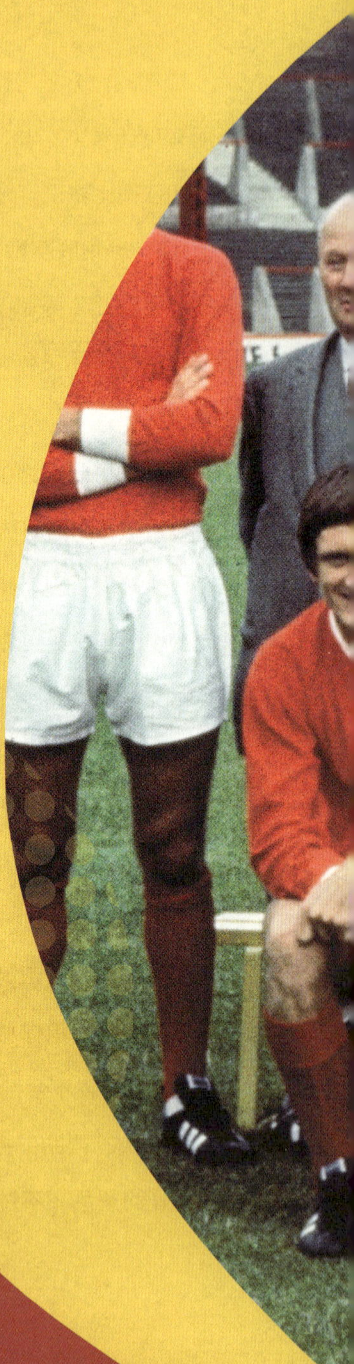

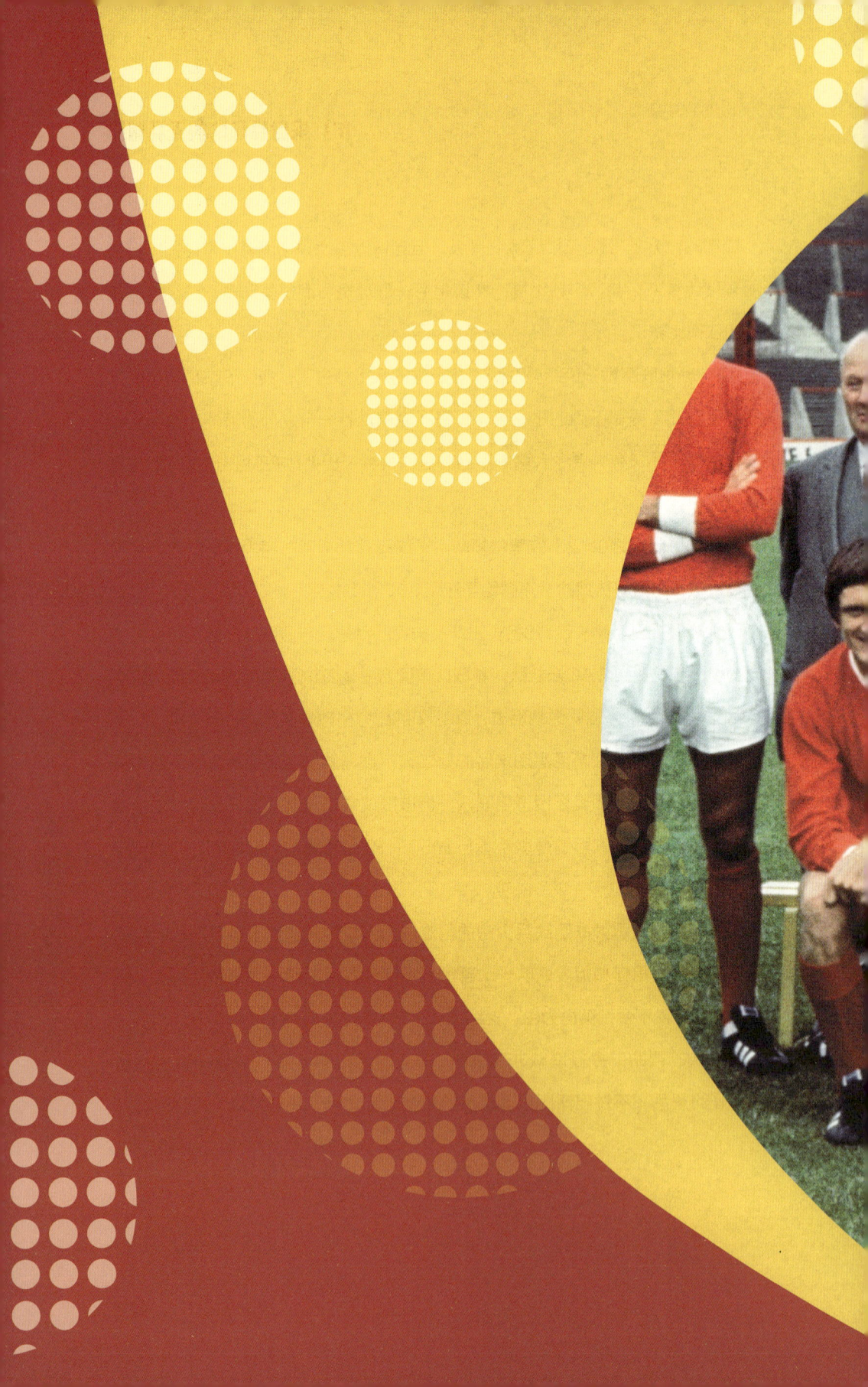

第四章

十年浴血重生
我以欧冠祭英灵

每举一次奖杯，巴斯比就和十年前在病床上一样，呼喊出一个在慕尼黑空难中遇难的球员的名字，就这样举了八次。

01

"三圣"齐聚，要干大事了

乔治·贝斯特、丹尼斯·劳，再加上从慕尼黑空难中侥幸活下来的博比·查尔顿，未来的"曼联三圣"就此齐聚一堂。

01 "三圣"齐聚,要干大事了

重建总是艰难的,既需要时间,也需要耐心。1958—1959赛季的英甲亚军只是昙花一现,曼联队在接下来的1959—1960赛季和1960—1961赛季均排名联赛第七,之后甚至沦落到降级区!

1961—1962赛季,曼联队位列第15,这已经是球队1938年重返顶级联赛以来的最差排名,但还不是最低谷,因为1962—1963赛季,巴斯比的球队竟然只获得第19名,42轮输了20场,只拿到34分,仅仅以3分优势领先垫底的曼城队,涉险保级!

不过在谷底,希望的种子已经被种下。1961年,曼联队签下了年仅15岁的威

第四章 十年浴血重生 我以欧冠祭英灵

尔士边锋乔治·贝斯特。对于这位性格怪异的绝世天才，巴斯比给予了极大的包容度和充分的自由。而贝斯特唯一尊重的也只有巴斯比，他曾经说过："我从来不关心别人怎么想，唯一担心的是老头子（巴斯比）的心脏可能承受不了。"

1962年8月，曼联队又以创造英格兰足坛转会费纪录的11.5万英镑，从意大利足球甲级联赛（简称"意甲"）的都灵队签回了22岁的苏格兰前锋丹尼斯·劳。丹尼斯·劳曾经效力过曼城队，后来前往意大利踢球，但由于不适应意甲的节奏，表现不佳，不过巴斯比对他的潜力还是相当认可，不惜砸重金引进。

乔治·贝斯特、丹尼斯·劳，再加上从慕尼黑空难中侥幸活下来的博比·查尔顿，未来的"曼联三圣"就此齐聚一堂。

02

"红魔"浴血，重登巅峰

坚韧不拔的"红魔"精神，指引着曼联队的重建之路，而第一颗硕果，就是1963年的足总杯冠军。

第四章 十年浴血重生 我以欧冠祭英灵

以在空难中幸存的博比·查尔顿、比尔·福尔克斯和哈里·格雷格为坚固的基石，以丹尼斯·劳和乔治·贝斯特为腾飞的翅膀，马特·巴斯比开始打造新一代的"巴斯比宝贝"。不过他本人其实对这个名字并不感冒，他更喜欢另一个绰号——"红魔"。

"红魔"最早其实是曼彻斯特当地的萨尔福德橄榄球联盟俱乐部的绰号。1950年，这家俱乐部前往法国进行巡回赛，结果保持不败，赢得了法国媒体的尊敬。萨尔福德橄榄球联盟俱乐部的球员身穿红色球衣，所以法国媒体就称其为"红魔"。

曼联队和这支橄榄球队一样，也身披红色战袍，于是巴斯比建议用"红魔"来称呼球队："我希望称曼联队为'红魔'，希望这个球队的绰号就叫'红魔'。我希望球队能够拥有魔力，保持斗志，积极进攻，坚韧不拔，这就是我认为的'红魔'精神！"

坚韧不拔的"红魔"精神，指引着曼联队的重建之路，而第一颗硕果，就是1963年的足总杯冠军。在决赛中，巴斯比的球队3比1战胜莱斯特城队，丹尼斯·劳传射建功，帮助曼联队捧起球队历史上第三座足总杯的冠军奖杯！

整个1962—1963赛季，丹尼斯·劳在各项赛事中一共打入26球，而接下来的1963—1964赛季，这位苏格兰射手更是在各项赛事中出场43次，攻进46球，场均攻入超过1球！如此出众的表现，也让丹尼斯·劳荣获1964年的金球奖，成为曼联队历史上第一位获此殊荣的球员。

02 "红魔"浴血，重登巅峰

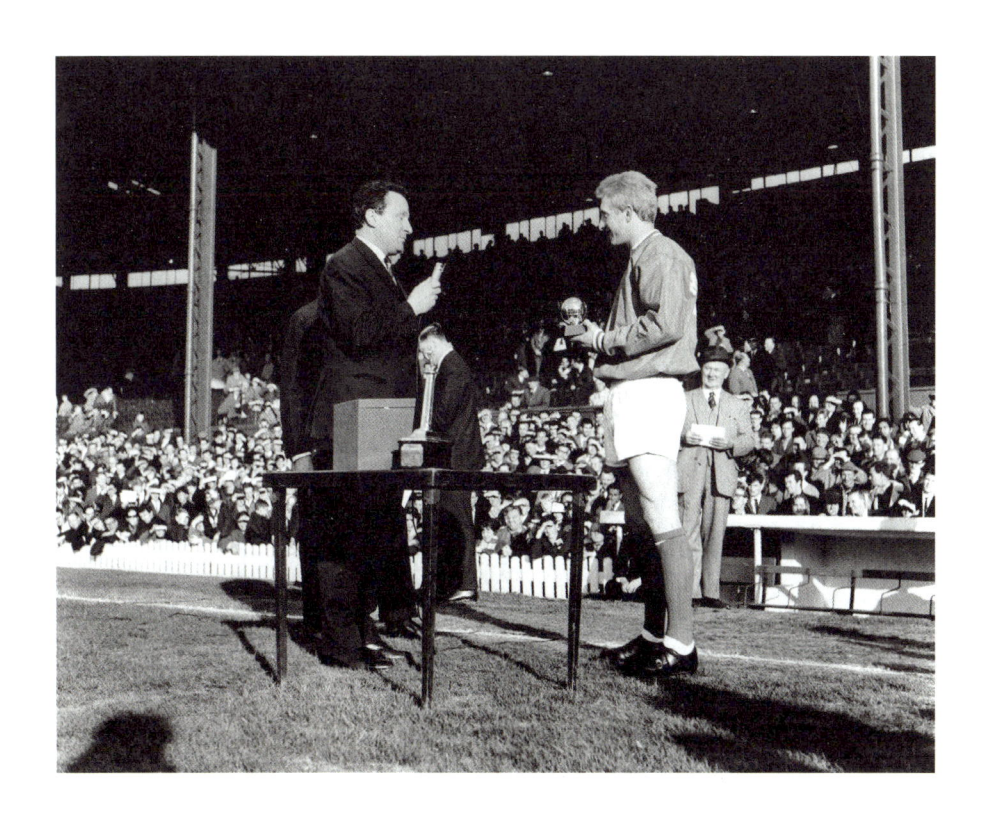

获得金球奖之后，丹尼斯·劳对巴斯比大加称赞："他是我的精神导师，给了我们无限的自由，教会我们如何在球场上迎接挑衅，也教会我们如何展现激情，赢得胜利。我们总会记得他说的话，当我们上场时，他说表演时刻到了，去征服对手、获得欢呼吧，而当面对记者的指责时，他又总是我们身后坚定的支持者。"

1964—1965赛季，未来的"曼联三圣"全面爆发。在各项赛事中，丹尼斯·劳打入36球，乔治·贝斯特贡献12球，博比·查尔顿打入18球，三人联手斩获66球！曼联队在联赛中也是所向披靡，连战连捷，42轮过后拿到61分！

不过，利兹联队也是61分，冠军应该给谁？按照当时的规则，同分情况下既不比较净胜球，也不比较胜负关系，而是比较"净胜分"，也就是进球数除以失

第四章 十年浴血重生 我以欧冠祭英灵

球数。结果曼联队的净胜分是2.282分，利兹联队的净胜分是1.596分——就这样，曼联队夺得了慕尼黑空难之后球队的第一个英甲冠军！

马特·巴斯比的伟大之处，不仅在于让曼联队重新登上英伦之巅，还在于为英格兰代表队培养了一批主力。博比·查尔顿、诺比·斯蒂尔斯、约翰·康纳利都参加了1966年世界杯，前两人是绝对核心，带领英格兰队勇夺世界杯冠军！

而凭借着超凡的球技和至关重要的作用，博比·查尔顿赢得了1966年的金球奖。

1966—1967赛季，曼联队三年来第二次夺得英甲冠军，真正地再次成为英格兰足坛的霸主。既然球队已重新称霸英伦，那么巴斯比的终极目标，就还是那座欧冠的至尊奖杯！

03

空难十年，终圆欧冠梦

十年浴血重生，曼联队终于圆梦！颁奖典礼上，所有的曼联队球员割破手指，把自己的鲜血滴在奖杯里，再由巴斯比用他那颤抖的双手，将奖杯高高举起。

第四章 十年浴血重生 我以欧冠祭英灵

1965—1966赛季，曼联队时隔八年重返欧冠赛场，结果前三轮比赛取得主客场六连胜！尤其是面对"黑豹"尤西比奥领衔的本菲卡队，"红魔"首回合主场3比2取胜；次回合在客场更是以5比1取得大捷，乔治·贝斯特梅开二度，博比·查尔顿也有一球入账。

回到久违的欧冠半决赛舞台，仿佛宿命一般，曼联队将对阵贝尔格莱德红星队的同城死敌贝尔格莱德游击队。首回合客场作战，曼联队的球员踢得非常别扭，最终0比2告负。回到"梦剧场"，曼联队虽然1比0小胜，但依然被淘汰出局，无缘决赛！

1967—1968赛季，也就是慕尼黑空难发生整整十年之后，巴斯比又带领曼联队回来了。"红魔"一路过关斩将，接连淘汰了苏格兰的赫伯年队、南斯拉夫的萨拉热窝队和波兰的扎布热矿工队，在半决赛碰上了夺冠热门皇马队。

1968年4月24日的首回合交锋，曼联队凭借乔治·贝斯特的全场唯一进球，在老特拉福德球场1比0击败皇马队，但这毕竟只是"上半场"，没有任何人敢松懈，敢掉以轻心。

5月15日，曼联队时隔十年再次做客伯纳乌球场，巴斯比在赛前专门绕场一周并且脱帽致敬，以此来感谢空难发生之后皇马队对曼联队的帮助，皇马队的球迷也报以热烈的掌声。

不过到了赛场上，皇马队毫不相让，连进三球完成总比分的反超！曼联队则只是在上半场结束前凭借对手的乌龙大礼扳回一球。

03 空难十年，终圆欧冠梦

危急时刻，巴斯比要求所有球员保持冷静，坚定不移地进行防守反击。果然，到了下半场，从中后卫变身中锋的大卫·萨德勒头球破门，将总比分扳平。而仅仅7分钟之后，乔治·贝斯特展现巨星本色，穿裆过人之后送出传中球，慕尼黑空难的幸存者之一比尔·福尔克斯将球推射入网，曼联队赢了！

比赛结束时，比尔·福尔克斯、博比·查尔顿与巴斯比相拥而泣，不仅是因为击败了皇马队，更因为他们终于等来了告慰空难英灵的最好机会！

1968年5月29日，欧冠决赛在两年前英格兰队夺得世界杯冠军的温布利球场打响，曼联队"主场"作战，对手则是本菲卡队。

此时的英格兰球迷，无论平时喜欢哪一支球队，现在都变成了曼联队的粉丝，因为"红魔"承担着为英格兰球队夺得第一个欧冠冠军的重任，更因为历经十年浴血，所有人都希望"红魔"能上演美好的结局。

比赛开始前，巴斯比在更衣室里进行训话，某一瞬间，令乔治·贝斯特心里一颤："教练是如此衰老，我们不禁觉得今天就是为他夺取冠军奖杯的最后机会了。"

而对于博比·查尔顿、比尔·福尔克斯和哈里·格雷格来说，这场比赛是为了巴斯比而战，为了自己而战，更是为了在慕尼黑空难中离世的所有人而战，特别是那八名昔日的队友。

这场决赛上半场波澜不惊，直到下半场才突然进入高潮。第55分钟，大卫·萨德勒传中，博比·查尔顿头球建功，打破场上僵局！不过在第80分钟，本菲卡队扳平了比分。90分钟常规时间结束，两队难分胜负，不得不进行加时赛。

加时赛，就是属于曼联队的舞台了。第97分钟，乔治·贝斯特利用个人能力过掉对方后卫和门将，为"红魔"再次取得领先。第98分钟，当天过生日的布莱恩·基德头球击中立柱，但这位寿星运气够好，随即补射破门，3比1！

第100分钟，布莱恩·基德送出助攻，博比·查尔顿梅开二度，曼联队最终

第四章 十年浴血重生 我以欧冠祭英灵

锁定4比1的胜局，队史第一次问鼎欧冠！

十年浴血重生，曼联队终于圆梦！颁奖典礼上，所有的曼联队球员割破手指，把自己的鲜血滴在奖杯里，再由巴斯比用他那颤抖的双手，将奖杯高高举起。

每举一次奖杯，巴斯比就和十年前在病床上一样，呼喊出一个在慕尼黑空难中遇难的球员的名字，就这样举了八次。天堂里的杰夫·本特、罗杰·拜恩、埃迪·科尔曼、马克·琼斯、大卫·佩格、汤米·泰勒、比利·惠兰、邓肯·爱德华兹，应该也会露出灿烂的笑容。

问鼎欧冠之后，乔治·贝斯特获得了1968年的金球奖，至此，"曼联三圣"全部荣获过金球奖。而马特·巴斯比被封为下级勋位爵士，从此成为伟大的马特·巴斯比爵士。

03 空难十年，终圆欧冠梦

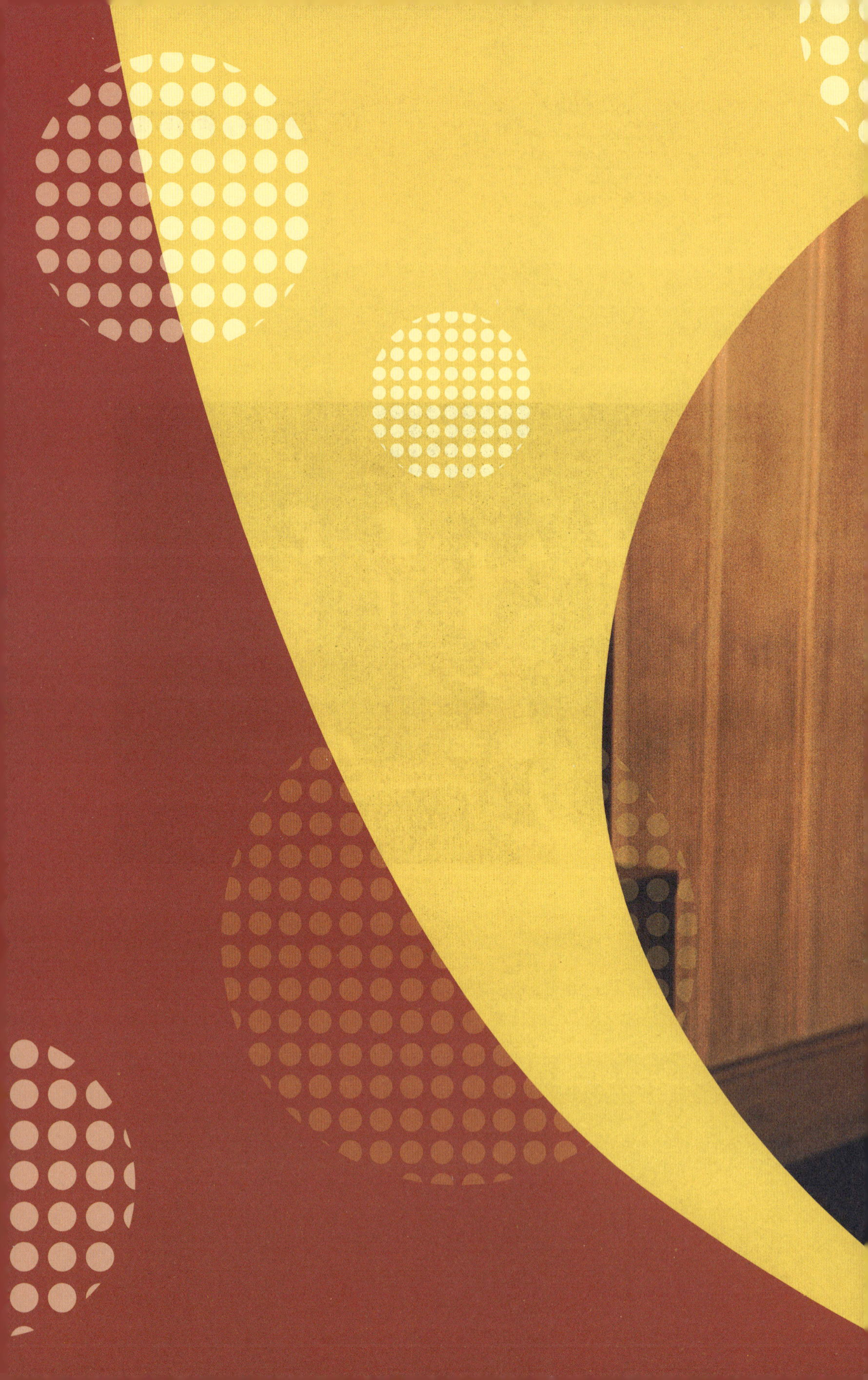

第五章
"救世主"驾临

新的联赛，新的时代，注定要诞生一位新的霸主，那么，为什么不可以是曼联队呢？

01

巴斯比荣休，
曼联队坠入谷底

为了带领曼联队重回巅峰，从慕尼黑空难中幸存的巴斯比，可以说是殚精竭虑、耗尽心力。而举起欧冠冠军奖杯的那一刻，对他来说，也是夙愿已了的时刻。

01 巴斯比荣休，曼联队坠入谷底

为了带领曼联队重回巅峰，从慕尼黑空难中幸存的巴斯比，可以说是殚精竭虑、耗尽心力。而举起欧冠冠军奖杯的那一刻，对他来说，也是夙愿已了的时刻。此时的巴斯比虽然只有59岁，还不到耳顺之年，但是身心俱疲，真的觉得累了。

于是在1968—1969赛季曼联队的战绩出现大幅滑坡之后，马特·巴斯比于1969年1月14日做出了一个极其重要的决定：赛季结束后将从主教练的职位上退休，担任球队的总经理！

其实，很多曼联队的球迷对于巴斯比的退休已经做好了心理准备，知道这一天的到来只是时间问题。当看到巴斯比并非完全离开球队，而是在总经理的岗位上对新帅"扶上马、送一程"之时，他们悬着的心终究还是放了下来。

至于巴斯比的接班人，曼联队选择了威尔夫·麦金尼斯。理论上，这是一个最稳妥的选择，因为威尔夫·麦金尼斯曾经是曼联队的球员，也是"巴斯比宝贝"之一，只是因为伤病，在22岁时就结束了职业生涯，后来他又成为巴斯比的助理教练，对球队的现状可以说是非常了解。

然而上任之后，威尔夫·麦金尼斯就遭遇当头棒喝，他执教的前6场英甲比赛，球队居然一场未胜！最终，曼联队在1969—1970赛季排名英甲第八，在足总杯和英格兰联赛杯都止步半决赛。

不得不说，巴斯比的阴影一直笼罩着曼联队这位新任教头，不只是因为前任建立的功勋太过伟大，给威尔夫·麦金尼斯造成了巨大的心理压力，更因为巴斯

第五章 "救世主"驾临

比虽然已经担任总经理,但总是暗中指挥着曼联队的大小诸事,严重削弱了威尔夫·麦金尼斯的权威。

举个例子:乔治·贝斯特在足总杯半决赛之前因为违反纪律被威尔夫·麦金尼斯停赛,但巴斯比直接否决了主教练的决定,乔治·贝斯特依然大摇大摆地在比赛中出场!

1970—1971赛季,威尔夫·麦金尼斯的权威继续受到挑战,曼联队的成绩也可想而知。最终在联赛前23轮只取得5场胜利之后,他被管理层解雇了,马特·巴斯比重新出山!

巴斯比的回归,确实给曼联队打了一剂"强心针"。联赛最后19轮,"红魔"赢下了11场。不过,他的回归只是"临时救火",赛季结束后他就再次卸任,而"曼联三圣"也在巴斯比执教生涯的最后几场比赛中分别打入一球,向恩师正式告别。

02

选接班人，选到降级

六年之前，曼联队还是欧冠冠军，六年之后，球队却从英甲降级，真是让人唏嘘不已。

第五章 "救世主"驾临

对于自己的第二个接班人，巴斯比的选择更加谨慎，他先后向当时的英伦足坛名帅乔克·斯坦和唐·里维发出邀请，不料遭到两人的拒绝，于是只能选择刚刚带领莱斯特城队升入英甲的弗兰克·奥法雷尔。

弗兰克·奥法雷尔的问题其实和威尔夫·麦金尼斯一样，那就是没有名气，根本镇不住、压不服曼联队的一众球星。巴斯比也没有吸取教训，依然通过各种方式干涉主教练，而不是在背后力挺自己的接班人。于是在1971—1972赛季，"红魔"连续第三年获得英甲第八。

更糟糕的是，曼联队的夺冠功勋球员都老了。博比·查尔顿已经宣布将在1972—1973赛季结束后退役，丹尼斯·劳受到膝盖伤病困扰，经常缺席，而天赋最高的乔治·贝斯特则因为私生活混乱，彻底搞垮了自己的身体，已经没法上场踢球了。

1972年12月，曼联队以0比5不敌水晶宫队，成为压倒弗兰克·奥法雷尔的最后一根稻草，他在主教练岗位上的18个月任期就此结束。很快，在丹尼斯·劳的举荐之下，巴斯比和董事会又迅速敲定了第三位接班人——苏格兰人汤米·多切蒂。

汤米·多切蒂执教过切尔西队和苏格兰队，名气远大于威尔夫·麦金尼斯和弗兰克·奥法雷尔。上任后的半个赛季里，他带领曼联队以第18名的成绩成功保级，不过却必须面临过去十多年来的最大挑战。

博比·查尔顿在1973年夏天正式退役了，丹尼斯·劳被交易到了曼城队，乔

02 选接班人，选到降级

治·贝斯特则在1974年1月踢了他曼联队生涯的最后一场正式比赛——取得过无数荣誉的"曼联三圣"解体！

没过多久，曼联队就为交易掉丹尼斯·劳付出了惨痛代价。1973—1974赛季的最后一轮，提前降级的"红魔"在曼彻斯特德比中输球，而打入一球的，正是丹尼斯·劳！进球之后，丹尼斯·劳并没有庆祝，那一刻他已经痛苦得无法支撑自己的身体，只能靠队友的搀扶走下球场。

后来，丹尼斯·劳回忆道："我一生中很少感觉像那个周末那样沮丧。在为进球奋斗了19年之后，我进了最后一球，但我多么希望我没有打进这球。"在1974年世界杯结束之后，丹尼斯·劳宣布退役。

六年之前，曼联队还是欧冠冠军，六年之后，球队却从英甲降级，真是让人唏嘘不已。

03

昙花一现，足总杯夺冠

这一次，"红魔"给球迷带来了惊喜，以2比1的比分击败宿敌利物浦队，夺得冠军！这是九年以来，"红魔"拿到的唯一重要赛事冠军，球队也顺便打破了对手的"三冠王"美梦。

03 昙花一现，足总杯夺冠

降级之后，巴斯比做出了一个让人吃惊的决定：让汤米·多切蒂留任！后来的事实证明，这个决定还是比较英明的，因为卸下压力的汤米·多切蒂大打攻势足球，并且说了一句名言："如果我们能在比赛中打进三球，我是不会介意被打进两球的。"

仅仅一个赛季，汤米·多切蒂就率领曼联队夺得英乙冠军，重返英甲，而且立刻向鲍勃·佩斯利执教的利物浦队发起冲击，最终获得了1975—1976赛季的英甲季军，以及足总杯亚军。

接下来的1976—1977赛季，曼联队联赛排名下滑，但再次跻身足总杯决

第五章 "救世主"驾临

赛。这一次，"红魔"给球迷带来了惊喜，以2比1的比分击败宿敌利物浦队，夺得冠军！这是九年以来，"红魔"拿到的唯一重要赛事冠军，球队也顺便打破了对手的"三冠王"美梦。

正当人们以为汤米·多切蒂是巴斯比真正的接班人时，一桩丑闻毁了他的前途：这位曼联队主教练竟然与球队理疗师的妻子发生私情，结果被英国媒体曝光，曼联队只能在1977年7月解雇了他。后来，汤米·多切蒂自嘲道："我是唯一因爱情而被解雇的教练。"

接下来，轮到巴斯比的第四位接班人登场了——戴夫·塞克斯顿。然而事实证明，他的执教能力并不出色，曼联队连续两个赛季无缘联赛前八，虽然再次晋级足总杯决赛，却在阿森纳队手上丢了冠军。

1979—1980赛季，戴夫·塞克斯顿执教的球队颇有些回光返照，在联赛中仅以2分之差屈居利物浦队之后，但他的技战术打法太过沉闷无聊，已经让大部分球迷感到无法容忍。最终，曼联队在1981年4月30日宣布戴夫·塞克斯顿下课。

03 昙花一现，足总杯夺冠

第五位接班人，是罗恩·阿特金森。他的主要功绩，一个是任命埃里克·哈里森担任青训教练，哈里森未来将会培养出"92黄金一代"；另一个是从西布罗姆维奇队引进了布莱恩·罗布森这位曼联队未来的"神奇队长"。

此外，罗恩·阿特金森在三年时间里夺得了两座足总杯冠军奖杯：1983年，曼联队虽然输掉了联赛杯决赛，但在足总杯决赛的重赛中以4比0大胜布莱顿队；1985年，"红魔"又在足总杯决赛中1比0力克埃弗顿队。

不过，罗恩·阿特金森在人员管理上存在很大问题，因为他采取过度放任的政策，曼联队球员都严重缺乏纪律性，甚至出现过集体酗酒的情况！他还经常让球员带伤上阵，导致伤兵满营。

1986—1987赛季开始之后，曼联队竟然在联赛前13轮只赢了3场，排名积分榜倒数第四，球队主席马丁·爱德华兹当机立断，辞退了罗恩·阿特金森。那么曼联队下一任主教练会是谁呢？他就是苏格兰人亚历克斯·弗格森！

04

弗格森,你咋才来呢?

时过境迁,年迈的巴斯比已经不可能再干涉主教练的事务,而作为一位著名的绅士,博比·查尔顿更是从来不会对教练指手画脚。

04 弗格森，你咋才来呢？

亚历克斯·弗格森，1941年12月31日出生于英国苏格兰的格拉斯哥，球员时代司职前锋，1957年从女王公园队出道，之后一直在苏格兰联赛踢球，先后效力过圣约翰斯通队、邓弗姆林竞技队、格拉斯哥流浪者队、福尔柯克队、艾尔联队，最终于1974年挂靴。

也就是这一年，弗格森在东斯特林郡队正式开始执教生涯，之后他又担任过圣米伦队、阿伯丁队、苏格兰队的主教练，而在来到曼彻斯特之前，他便已成为教练席上一颗备受瞩目的明珠。

第五章 "救世主"驾临

因为在弗格森的带领下，阿伯丁队一举打破了格拉斯哥"双雄"——凯尔特人队与流浪者队对苏格兰足球顶级联赛冠军的垄断，先后夺得3个联赛冠军和4个苏格兰足总杯冠军。更重要的是，1983年阿伯丁队击败独步天下的皇马队，赢得了欧洲优胜者杯的冠军！

曼联队主席马丁·爱德华兹认为，弗格森完全有可能在曼联队复制他在阿伯丁队创造的奇迹，而且弗格森非常年轻，雄心勃勃，所以马丁·爱德华兹直接给弗格森打去了电话。双方约定在一个服务区的停车场里会面，结果相谈甚欢，给彼此留下了很好的印象和信任。

于是在解雇罗恩·阿特金森的几个小时之后，1986年11月6日，曼联队官方宣布弗格森成为球队的新任主帅！

不只有主席的信任，弗格森还得到了曼联队两位最重量级人物的信任与支持——马特·巴斯比与博比·查尔顿。时过境迁，年迈的巴斯比已经不可能再干

04 弗格森，你咋才来呢？

涉主教练的事务，而作为一位著名的绅士，博比·查尔顿更是从来不会对教练指手画脚。

有了强大的靠山，弗格森决定进行大刀阔斧的改革。

首先，就是根除球队内部存在已久的酗酒文化。他颁发了禁酒令，要求所有球员在比赛和训练期间必须滴酒不沾，违者将被取消出场资格，并且处以罚金。

当时曼联队酗酒最严重的是三名主力球员，包括球队队长布莱恩·罗布森、前锋诺曼·怀特塞德和中后卫保罗·麦格里斯。弗格森采取分而治之的策略，对于地位最高、也最通情达理的布莱恩·罗布森，他专程上门深谈，掏心掏肺地赢得了队长的信任。对于不肯改过的诺曼·怀特塞德和保罗·麦格里斯，弗格森则毫不犹豫地将其清洗出队。

其次，弗格森在技战术方面也做出了调整。虽然依然使用英格兰足球惯用的

第五章 "救世主"驾临

"442"阵形，但摒弃了依靠长传冲吊找高中锋"高空轰炸"的传统模式，更加注重边路进攻，注重边前卫与边后卫之间的配合，在边路和肋部共同做文章，丰富球队的进攻套路和打法。

弗格森的改革初见成效，曼联队在1986—1987赛季以第11名的成绩成功保级，并在1987—1988赛季获得英甲亚军！然而随后的1988—1989赛季，"红魔"的排名再次回落，曼联队仅仅获得第11名，弗格森似乎要重蹈几位前任的覆辙了。

时至1989—1990赛季，这已经是弗格森执教曼联队的第三个年头，球队的表现依然没有起色，"红魔"一度惨遭联赛11场不胜，甚至还在曼彻斯特德比中1比5惨败于曼城队脚下。此时，已经有很多球迷要求弗格森下课，老特拉福德球场内出现了那条后来闻名于世的抗议标语："找了三年的借口，依旧还是废物……弗格森下课！"

05

拯救弗格森，拯救曼联队

这座足总杯冠军奖杯，是真正意义上的"续命之杯"！弗格森执教曼联队三年，总算是打破无冠的魔咒。

第五章 "救世主"驾临

1990年1月，曼联队在足总杯上遭遇诺丁汉森林队，弗格森迎来"生死一战"，曾经的曼联队董事会成员迈克尔·奈顿后来回忆道："如果不能在这场比赛中取胜，弗格森100%会下课。"

就在那个神奇的夜晚，曼联队的青训球员马克·罗宾斯挺身而出，头球建功，打入制胜球。这一球、这场胜利，拯救了弗格森的命运，也拯救了曼联队的未来。

4个月之后，曼联队在足总杯决赛的重赛中1比0力克水晶宫队，这一次拯救弗格森的是另一位青训球员李·马丁。

05 拯救弗格森，拯救曼联队

这座足总杯冠军奖杯，是真正意义上的"续命之杯"！弗格森执教曼联队三年，总算是打破无冠的魔咒。如果没有夺冠呢？后果不堪设想！后来，弗格森在自传中承认："如果没有在温布利球场取得的这座奖杯，外界或许会变得更加沮丧。不满情绪说不定会席卷整支球队。"

虽然问鼎足总杯，但是在联赛里，曼联队仅仅排名第13，而利物浦队再次夺冠，顶级联赛冠军的总数达到了18个！曼联队则只有7个。

不过此时的"红魔"，已经在弗格森的带领下走上了正确的道路。1991年5月，曼联队击败了巴塞罗那队（简称"巴萨队"），捧起了欧洲优胜者杯的冠军奖杯，球队时隔23年终于再次拿到欧战冠军。

到了1991—1992赛季，曼联队引进丹麦门将彼得·舒梅切尔、俄罗斯边锋安德烈·坎切尔斯基和本土边后卫保罗·帕克，组成了更加强大的阵容，一路逼近联赛冠军。可惜的是，弗格森的球队在冲刺阶段遭遇三连败，最终将冠军拱手让给了利兹联队。

但是这一次，曼联队的球迷真的在这支球队上看到了复兴的希望。而恰在此时，英格兰足球超级联赛（简称"英超"）创立，成为英格兰足球顶级联赛，英甲降为第二级别联赛。新的联赛，新的时代，注定要诞生一位新的霸主，那么，为什么不可以是曼联队呢？

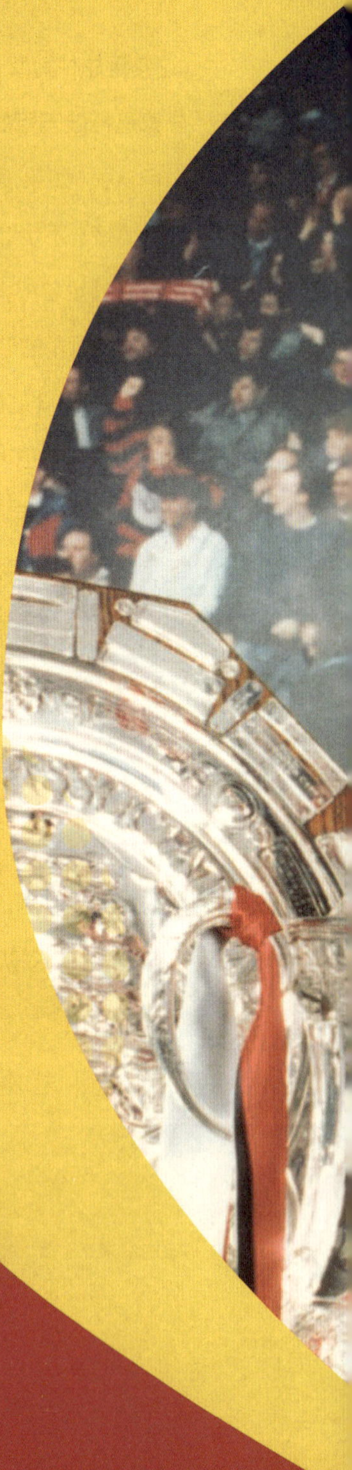

第六章
辉煌的弗格森王朝（上）

曼联队成就了队史第一个"三冠王"，亚历克斯·弗格森完成了连马特·巴斯比爵士都没有完成的旷世伟业，他被英国王室授予下级勋位爵士，也成为"爵爷"。

01

国王驾到，26年无冠终结

坎通纳不仅有出众的球技，能传能射，是绝对的进攻核心，而且领导力、人格魅力同样冠绝时辈，他霸气十足地征服了"梦剧场"，被誉为曼联队的"国王"！

01 国王驾到，26年无冠终结

正如前文所述，当1992年英超创立之时，曼联队的顶级联赛冠军数是7个，利物浦队则是18个，两队之间的冠军数相差多达11个！而对于弗格森来说，把利物浦队从王座上拉下来，就是他的最大目标。不过，弗格森需要先做一件事情，那就是为曼联队找到一位新的领袖。

一年之前，一个叫埃里克·坎通纳的法国球员从法国的马赛队转会至尼姆队，但他因为向主裁判扔球而被法国足协禁赛一个月。不服气的坎通纳在新闻发布会上大骂足协官员，结果禁赛期又被延长到两个月。坎通纳一气之下，直接宣布退役！

在时任法国队主教练米歇尔·普拉蒂尼的劝说下，坎通纳最终"收回成命"，但法国是待不下去了，他只能来到英格兰，加盟了利兹联队。利兹联队夺得了1991—1992赛季的英甲冠军，不过坎通纳并没有发挥太大作用，出场15次只打入3球。

首届英超揭幕之后，这位法国前锋爆发了，他先是在对阵利物浦队的慈善盾杯比赛中上演帽子戏法，接着又在对阵热刺队的联赛比赛中再次打入3球，这也是英超历史上第一个帽子戏法！

弗格森慧眼识珠，立刻向利兹联队求购坎通纳。利兹联队曾经提出用坎通纳和曼联队的左后卫丹尼斯·埃尔文互换，但遭到马丁·爱德华兹和弗格森的一致反对。最终，曼联队支付了120万英镑的转会费，才签下了坎通纳。

事实证明，这绝对是曼联队历史上最有价值的转会之一。坎通纳不仅有出众

第六章 辉煌的弗格森王朝（上）

的球技，能传能射，是绝对的进攻核心，而且领导力、人格魅力同样冠绝时辈，他霸气十足地征服了"梦剧场"，被誉为曼联队的"国王"！

当时，曼联队在1992—1993赛季的英超中开局糟糕，竟然遭遇两连败，前3轮不胜。在取得5连胜止住颓势之后，弗格森的球队又连续7轮不胜，丝毫没有冠军相。

但是在11月26日坎通纳正式加盟之后，"红魔"仿佛换了一支球队一般，9轮不败奋起直追！法国人也开始了自己的表演：对阵切尔西队破门，对阵谢菲尔德星期三队打入绝平球，对阵考文垂队1射2传，对阵热刺队传射建功，连续4场比赛都有进球，一共贡献4球3助攻。

直到第23轮，曼联队终于登上了积分榜榜首。尽管阿斯顿维拉队和诺维奇队一直在紧追，但"红魔"没有掉链子，保住了自己领头羊的位置。

尤其是与谢菲尔德星期三队的次回合较量，曼联队在比赛还剩5分钟的情况下

01 国王驾到，26 年无冠终结

依然落后，关键时刻，中后卫史蒂夫·布鲁斯挺身而出，第86分钟头球破门扳平比分，伤停补时阶段头球梅开二度绝杀对手，帮助球队完成惊天逆转！这场比赛不仅奠定了曼联队夺冠的基础，同时也是著名的"弗格森时间"的起源。

最终，经过42轮的比拼，曼联队以10分优势击败阿斯顿维拉队，成为第一届英超的冠军！这是26年来"红魔"的第一座顶级联赛冠军奖杯，在这一刻，巴斯比爵士终于找到了真正的接班人，弗格森正式接过了传奇的衣钵。

02

"92 黄金一代"

以吉格斯的到来为契机，弗格森展开了自己的青训蓝图。他在一线队提拔重用年轻球员，而曼联青年队则负责源源不断地向一线队输送人才。

02 "92 黄金一代"

在曼联队的冠军阵容里,有一名年轻球员已经崭露头角,他的名字叫作瑞恩·吉格斯。

吉格斯出生于1973年11月29日,他在不满20周岁时,就已经成为球队的主力。其实小时候,吉格斯希望加盟的是曼城队,但曼城队拒绝了他的请求。很快,曼联队的球探发现了这个足球天才,向弗格森进行了推荐。弗格森立马拍板决定,并在吉格斯14岁生日当天带着合同亲自登门。

以吉格斯的到来为契机,弗格森展开了自己的青训蓝图。他在一线队提拔重用年轻球员,而曼联青年队则负责源源不断地向一线队输送人才。

第六章 辉煌的弗格森王朝（上）

埃里克·哈里森是曼联青年队的教练，他培养并率领一批年轻精英夺得了1992年青年足总杯的冠军和1993年青年足总杯的亚军。除了吉格斯，那批球员里还有大卫·贝克汉姆、保罗·斯科尔斯、加里·内维尔和菲尔·内维尔兄弟、尼基·巴特，他们后来被誉为"92班"或者"92黄金一代"！

这里面，未来名气最大的当数贝克汉姆。他出生于1975年5月2日，由于家在伦敦，最先发掘他的其实是阿森纳队和热刺队，贝克汉姆选择了后者。不过在曼联队的球探发现他之后，弗格森亲自出马，邀请贝克汉姆来到曼彻斯特试训，并在其13岁生日的当天送上合同！

与贝克汉姆、吉格斯相比，斯科尔斯更加低调，但他曾被无数中场大师称赞过，是"大师眼中的大师"。1974年11月16日出生的他因为身材矮小和一头金发，从小就有了"生姜头"的绰号。斯科尔斯最开始踢前锋，表现一般，哈里森知人善用，将其改造为进攻型中场，才有了未来的传奇球星。

03

"双冠王"，祭奠巴斯比爵士

曼联队最终还是以8分优势卫冕成功，赢得英超两连冠！而在足总杯决赛中，"红魔"又成功"复仇"切尔西队，成就球队历史上的第一个单赛季"双冠王"。

第六章 辉煌的弗格森王朝（上）

久旱逢甘霖之后，曼联队的目标当然是蝉联英超冠军，不过弗格森并没有在转会市场上大张旗鼓，他只签下了一名新援——诺丁汉森林队的爱尔兰中场罗伊·基恩，转会费375万英镑。

当时，利物浦队名宿肯尼·达格利什执教的布莱克本流浪者队也想得到基恩，但由于曼联队传奇队长布莱恩·罗布森是基恩的偶像，所以答案显而易见了。后来的事实证明，罗伊·基恩是布莱恩·罗布森的优秀接班人，也是曼联队历史上最伟大的队长之一。

1993—1994赛季开始之后，曼联队强势起跑，前14轮竟然拿下12胜1平1负的骄人战绩，而且自第7轮输给切尔西队之后一度22轮不败，领先优势最多达到14分！然而正当人们以为冠军悬念提前结束之时，"红魔"在第30轮再次遭到切尔西队狙杀，接下来的5轮只有2胜，特别是在第35轮0比2输给布莱克本流浪者队之后，在积分榜上与竞争对手的差距只剩下6分。

雪上加霜的是，仅仅两周后，曼联队又不敌温布尔登队，眼看着领先优势不保。关键时刻，弗格森的球队爆发，顶住巨大压力拿下4连胜，而布莱克本流浪者队却出人意料地仅取得1场胜利。

曼联队最终还是以8分优势卫冕成功，赢得英超两连冠！而在足总杯决赛中，"红魔"又成功"复仇"切尔西队，成就球队历史上的第一个单赛季"双冠王"。

这两座冠军奖杯，也是为了祭奠巴斯比爵士的。1994年1月20日，巴斯比

03 "双冠王",祭奠巴斯比爵士

因为癌症离开了人世,享年84岁。曼联队官方致以哀悼:"他在另外一场比赛中失败了,他输给了无所不在的癌细胞。不过他已经尽力了,请大家不要太过悲伤。"

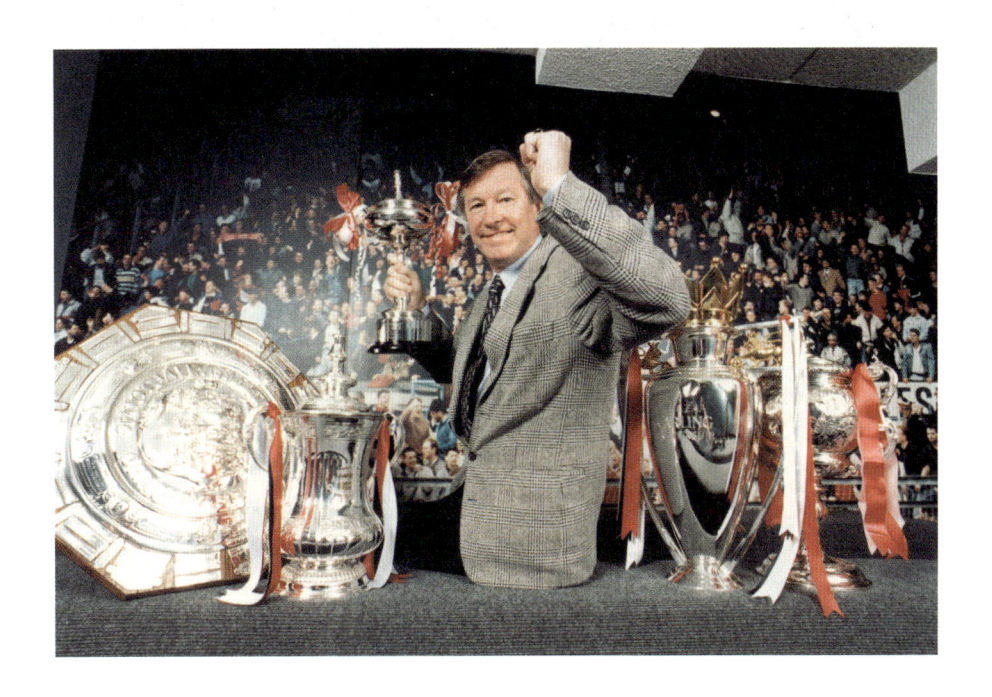

1994—1995赛季,曼联队在慈善盾杯中2比0战胜布莱克本流浪者队,坎通纳打入一球。不过这个赛季,注定属于后者而非前者,布莱克本流浪者队在肯尼·达格利什的带领下终结了曼联队的两连冠,成为英超历史上第二支冠军球队,而曼联队无缘英超二连冠的一个主要原因,就是坎通纳本人。

1995年1月25日,曼联队客场1比1战平水晶宫队,坎通纳在比赛的第49分钟因为报复对方后卫理查德·肖而被红牌罚下。正当他离场时,一个名叫马修·西蒙斯的水晶宫队球迷跑过11级台阶来到场边辱骂坎通纳,坎通纳听到之后忍无可忍,腾空而起向其飞踹过去,留下了一张永载史册的"经典照片"。

第六章 辉煌的弗格森王朝（上）

飞踹事件发生后，坎通纳受到曼联队内部禁赛4个月的处罚，英足总又将禁赛期延长至8个月。刑事法庭也对坎通纳判处两周监禁，并罚款2万英镑，但坎通纳通过上诉将监禁减为120个小时的公益劳动。

此时，心灰意冷的坎通纳打算退役或者离开英国，但弗格森亲自跑到巴黎劝说，法国人这才决定留下。

即便球队核心遭遇禁赛，曼联队依然能够紧追联赛榜首布莱克本流浪者队，直到最后一轮才以1分劣势屈居英超亚军。如果坎通纳没有被禁赛，也许曼联队的英超三连冠已经到手了。

04

靠一帮孩子，
你什么也赢不了！

当时的那支曼联队，"92黄金一代"已经全面接班，但贝克汉姆只有20岁，斯科尔斯、尼基·巴特和内维尔兄弟也都是20岁，最年长的吉格斯21岁，他们真的能赢得英超冠军吗？

第六章 辉煌的弗格森王朝（上）

1995—1996赛季英超首轮，曼联队1比3不敌阿斯顿维拉队。比赛结束之后，利物浦队的名宿阿兰·汉森在英国广播公司的王牌足球节目《当日比赛》中说出了他的那句著名论断："靠一帮孩子，你什么也赢不了！"

当时的那支曼联队，"92黄金一代"已经全面接班，但贝克汉姆只有20岁，斯科尔斯、尼基·巴特和内维尔兄弟也都是20岁，最年长的吉格斯21岁，他们真的能赢得英超冠军吗？

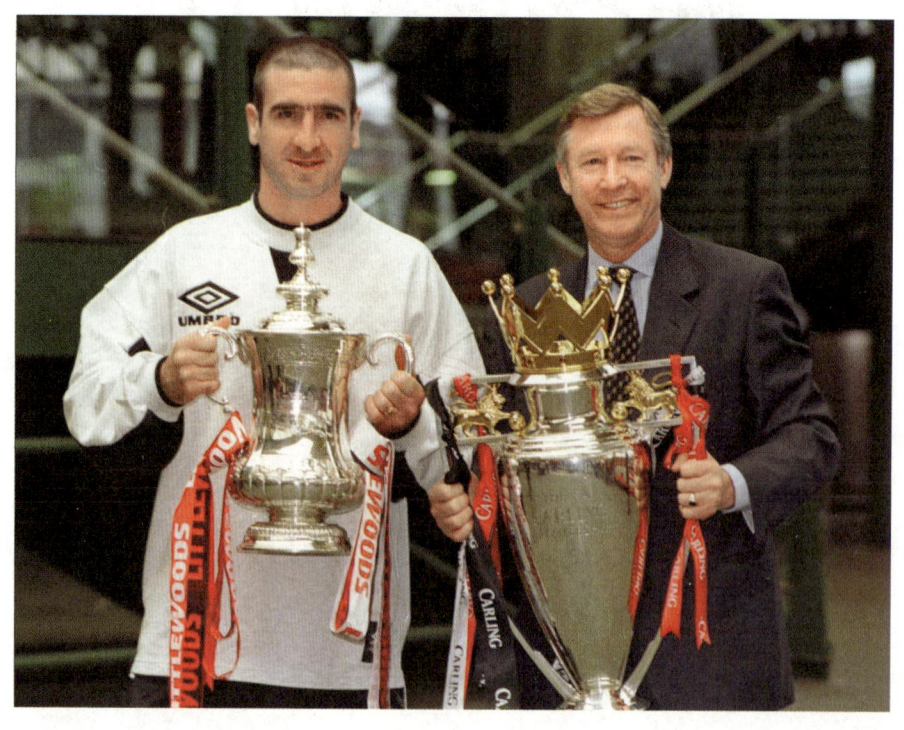

04 靠一帮孩子，你什么也赢不了！

那个赛季，另一位利物浦队名宿凯文·基冈执教的纽卡斯尔联队强势崛起，一度领先曼联队多达12分！但是，曼联队并不仅是"小鬼当家"：1995年10月1日，在曼联队2比2战平利物浦队的英超第8轮比赛中，坎通纳终于解禁复出了，而且一上场就传射建功！

"国王"归来，"红魔"奋起反击。1996年3月4日，曼联队在英超第29轮比赛中1比0力克纽卡斯尔联队，坎通纳在第51分钟凌空抽射，取得全场比赛的唯一进球！这一球，帮助球队缩小了与领头羊之间的积分差距，同时也终结了对手赛季主场不败的纪录。

自第31轮联赛开始的5轮比赛里，曼联队取得4胜1平，坎通纳场均打入1球，曼联队最终完成了对纽卡斯尔联队的积分反超，以4分的优势逆转夺冠！而在5月11日的足总杯决赛中，还是"国王"挺身而出，在第85分钟凌空破门，打入绝杀球，再次为曼联队带来双冠！

05

30岁,"国王"突然告别

这时的埃里克·坎通纳年仅30周岁,正值职业生涯的高峰,绝对是欧洲足坛最有实力的巨星之一。

05 30岁,"国王"突然告别

1996—1997赛季,在史蒂夫·布鲁斯转会离队之后,坎通纳接过了曼联队的队长袖标,地位与作用更加重要。他也以身作则,在慈善盾杯4比0大胜纽卡斯尔联队一战中攻入一球,为新赛季开了一个好头。

属于曼联队"国王"的最经典一战,是1996年12月21日对阵桑德兰队,坎通纳梅开二度,第80分钟,他在中场巧妙过掉两名防守球员之后带球推进,来到前场与队友布莱恩·麦克莱尔做了一个简单的二过一配合后,用一记巧妙的吊射破门得分!

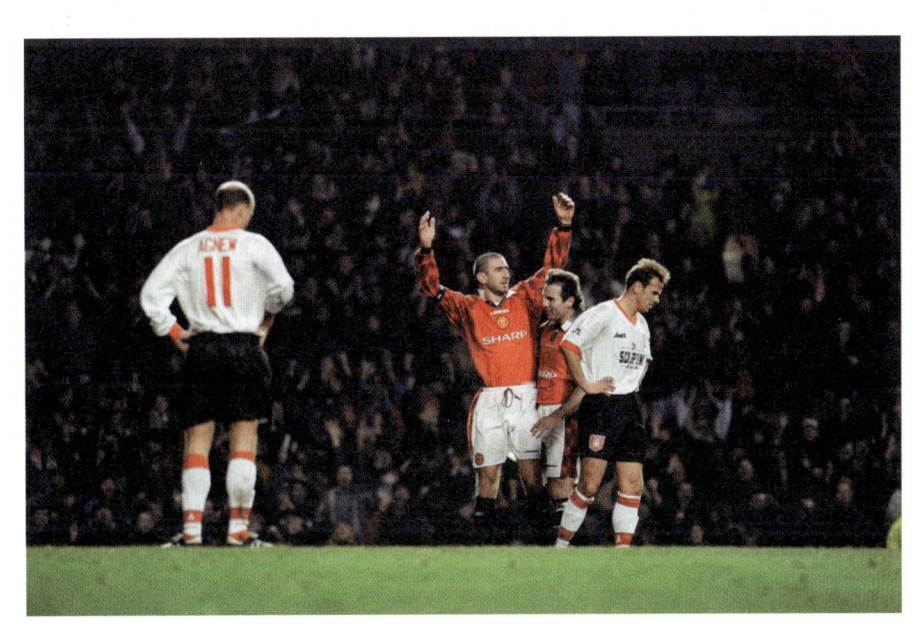

第六章 辉煌的弗格森王朝（上）

进球之后，坎通纳并没有疯狂庆祝，而是竖着衣领、面无表情地留在原地，缓缓地转了360度并傲视四周，然后才举起双手与扑上来的队友拥抱庆祝。这一连串动作霸气十足，完美展现出坎通纳的性格和风范，后来也被评为英超二十年最佳庆祝动作。

这个赛季，坎通纳代表曼联队在各项赛事中出场50次，打入15球，并以12次助攻荣膺英超助攻王，带领"红魔"在英超成功卫冕，并且杀入欧冠半决赛。

这时的埃里克·坎通纳年仅30周岁，正值职业生涯的高峰，绝对是欧洲足坛最有实力的巨星之一。然而，也许是因为法国队主教练艾梅·雅凯对他关闭了国家队的大门，也许是他突然对足球产生了倦意，坎通纳最终做出了一个令人瞠目结舌的决定！

1997年5月18日，曼联队紧急召开发布会宣布："坎通纳已经决定退役。"

05　30岁，"国王"突然告别

这一次，连弗格森也劝不动了。

是的，坎通纳真的退役了，而且再也没有复出过。他也许不是曼联队历史上名气最大的球员，也许贝克汉姆、克里斯蒂亚诺·罗纳尔多（简称"C罗"）的名气比他更大，但他一定是曼联队历史上最具影响力的球员之一。2000年1月，在曼联队官方推出的20世纪最佳球员评选活动中，坎通纳以49％的选票力压乔治·贝斯特，当选20世纪曼联队最佳球员。

06

逆转，绝杀，铺就三冠之路

就这样，曼联队自1968年之后第一次进入欧冠决赛，时隔31年！

06 逆转，绝杀，铺就三冠之路

谁来接过坎通纳的衣钵？弗格森选择信任"92班"，把7号球衣交给了贝克汉姆，与11号吉格斯"两翼齐飞"；让斯科尔斯成为曼联队的主力前腰，和罗伊·基恩在中场搭档，那个经典的中场四人组诞生了。

不过，弗格森和曼联队却在1997—1998赛季碰到了新的强劲对手——法国人阿尔塞纳·温格执教的阿森纳队。尽管"红魔"一度在积分榜上领先10分，但阿森纳队踢出了美丽的攻势足球，竟然完成惊天大逆转，不仅首次夺得英超冠军，让曼联队遭遇"滑铁卢"，还拿下足总杯冠军，成就"双冠王"！

痛定思痛之下，弗格森在1998年夏天从阿斯顿维拉队签下了来自特立尼达和多巴哥的黑人射手德怀特·约克，转会费达到1260万英镑，打破队史纪录，德怀特·约克与1993—1994赛季英超金靴奖得主安迪·科尔组成了"黑风双煞"组合。此外，弗格森还引进了

第六章 辉煌的弗格森王朝（上）

荷兰中后卫雅普·斯塔姆，加强后防线。

然而令人没有想到的是，贝克汉姆在1998年法国世界杯上情绪失控的一脚，让他付出了沉重的代价——沦为"全英公敌"。所幸，他还有弗格森，这位苏格兰人像父亲一样安慰他，鼓励他，帮助他重新振作起来。于是，从阵容实力和球员心理上，曼联队都完成了脱胎换骨的转变，好戏即将开场。

1998—1999赛季，曼联队在慈善盾杯上再战阿森纳队，结果0比3惨败，看上去是一个很不好的兆头。前2场联赛，"红魔"均未取胜，似乎又印证了这个兆头的不妙。

9月20日，曼联队做客海布里球场挑战阿森纳队，又是一场0比3，球队的排名一下子滑落到积分榜第十，几乎所有媒体都开始批评弗格森，质疑他的转会操作。

在欧冠赛场上，曼联队还陷入"死亡之组"，同组对手包括巴萨队、拜仁慕尼黑队（简称"拜仁队"）和来自丹麦的布隆德比队。结果前两轮，"红魔"3比3战平巴萨队，2比2战平拜仁队，未能获得任何一场胜利，小组出线形势严峻。

不过在实力最弱的布隆德比队身上，弗格森的球队还是拿下了两场大胜。接着，曼联队做客诺坎普球场，与巴萨队再次战成3比3，最后一轮又巧合地再次战平拜仁队。最终，"红魔"以2分优势力压巴萨队，以小组第二的身份惊险出线——诺坎普球场、拜仁队、欧冠决赛的伏笔，在小组赛就已经埋下了。

回到联赛，曼联队在12月份竟然只赢了一场比赛，尤其是在对阵积分榜榜首阿斯顿维拉队的比赛中，曼联队率先领先却被对手追平，最终痛失好局。联赛杯，曼联队也被热刺队淘汰出局。

然而进入1999年之后，曼联队仿佛突然打通任督二脉一般，面貌焕然一新，前两个月竟然拿下7胜1平！特别是足总杯第四轮，"红魔"主场2比1力克利物浦队，虽然对手阵中年轻的迈克尔·欧文在第3分钟就打入一球，但德怀特·约克和

06 逆转，绝杀，铺就三冠之路

挪威前锋奥勒·居纳尔·索尔斯克亚在最后4分钟连进两球，上演逆转绝杀！

1月31日，曼联队凭借德怀特·约克的绝杀球1比0小胜查尔顿队之后，终于在该赛季再一次登上积分榜榜首的宝座。随后，曼联队就用一场酣畅淋漓的比赛以8比1巩固了自己的优势。在那场对阵诺丁汉森林队的比赛当中，索尔斯克亚在第71分钟才替补登场，结果上演"大四喜"！

紧接着，曼联队就迎来了英超争冠的最大对手，还是阿森纳队。这一次，两队1比1握手言和，"红魔"至少没有再输，信心大增。

时间来到3月份，欧冠淘汰赛打响，曼联队在1/4决赛遇到了意甲豪门国际米兰队（简称"国米队"）。首回合，凭借德怀特·约克的梅开二度，弗格森的球队2比0取胜，占据先机。次回合做客梅阿查球场，"红魔"顶住了对手的狂轰滥炸，仅失1球，斯科尔斯抓住机会扳平比分，曼联队最终成功晋级四强。

没想到，曼联队在半决赛的对手还是意甲豪门，这一次是尤文图斯队（简称"尤文队"）。4月7日首回合的老特拉福德之战，安东尼奥·孔蒂为尤文队先下一城。眼看比赛就要结束，伤停补时第2分钟，贝克汉姆在背对球门的情况下倒钩将球传到门前，泰迪·谢林汉姆和对方门将安格罗·佩鲁济拼命争抢，安迪·科尔、斯科尔斯与对方两名后卫撞成一团，球鬼使神差般地来到后点，吉格斯抽射破门，1比1绝平！

死里逃生的曼联队还没来得及去客场，先要在足总杯半决赛再战阿森纳队。结果4月11日的较量，双方0比0互交白卷，只能在三天之后重赛，而这场重赛，成为足总杯历史上最经典的比赛之一。

重赛的第17分钟，贝克汉姆远射破门，为曼联队率先取得领先；第69分钟，丹尼斯·博格坎普为阿森纳队扳平比分；第74分钟，罗伊·基恩因为累计两张黄牌被罚下。

常规时间结束前，菲尔·内维尔送上点球，"红魔"陷入濒临淘汰的绝境！

第六章 辉煌的弗格森王朝（上）

但是，彼得·舒梅切尔竟然将丹尼斯·博格坎普主罚的点球扑出，将比赛拖入加时赛。在这之后，就是吉格斯的个人秀时间了。

第109分钟，吉格斯带球一路狂奔，先后过掉对方右后卫李·迪克逊、中卫托尼·亚当斯和马丁·基翁。面对对方门将大卫·希曼，吉格斯打入了足总杯历史上的最佳进球！曼联队2比1淘汰阿森纳队，晋级决赛。

4月21日，曼联队远征都灵，做客德尔·阿尔卑球场，尤文队前锋菲利波·因扎吉开场11分钟就梅开二度，将总比分改写为3比1。

再次面临绝境，"红魔"也再次爆发。第24分钟，罗伊·基恩头球破门，扳回一球。第34分钟，德怀特·约克头球再下一城，扳平总比分！第83分钟，"黑风双煞"连线，两人互相传球洞穿对手防线，德怀特·约克助攻安迪·科尔破门，曼联队完成3球大逆转！

就这样，曼联队自1968年之后第一次进入欧冠决赛，时隔31年！

07

"诺坎普奇迹"，该死的足球！

"诺坎普奇迹"诞生了，这是欧冠历史上最伟大的决赛之一，也是足球比赛历史上最经典的逆转之一。

第六章 辉煌的弗格森王朝（上）

回到英超，曼联队自1999年新年以来就再也没有输过比赛，但在最后一轮到来之前，也仅仅领先第二名阿森纳队1分而已。

1999年5月16日，英超第38轮，曼联队坐镇老特拉福德球场，迎战热刺队。热刺队已经无欲无求，心态放松之下，反倒在第27分钟率先破门得分。此时，阿森纳队正1比0领先，若两场比赛的比分保持到比赛结束，"红魔"将无缘冠军！

这一次，站出来的是贝克汉姆。第42分钟，他接斯科尔斯的传球大力射门，扳平比分。第47分钟，加里·内维尔助攻，安迪·科尔精彩吊射破门，曼联队2比1反超！

07 "诺坎普奇迹"，该死的足球！

又是一次经典逆转，弗格森的球队最终力压阿森纳队，仅以1分优势问鼎英超，时隔一年重夺英超冠军，但所有人都知道，这只是三场大决战的一个开始。

6天之后，也就是5月22日，曼联队迎来了第二场决战，足总杯决赛对阵纽卡斯尔联队。这一次，"红魔"赢得很干脆，谢林汉姆替补登场传射建功，斯科尔斯锁定胜局，曼联队加冕"双冠王"！

那么现在，曼联队就站在了创造历史的舞台之前，队史首个单赛季"三冠王"，触手可及！

1999年5月26日，曼联队重回诺坎普球场，在欧冠决赛中再战拜仁队，小组赛两回合的较量，两队难分胜负，这一夜，谁又能成为最终的赢家呢？

对于曼联队不利的是，球队主力罗伊·基恩和斯科尔斯双双被停赛。更不利的是，开场仅仅6分钟，拜仁队就凭借着马里奥·巴斯勒的任意球破门取得领先！

不仅是比分上，拜仁队在场面上也占据着优势。第67分钟，弗格森果断换上了33岁的老将谢林汉姆，试图加强进攻。对方主帅奥特马尔·希斯菲尔德也随即做出应对，换上德国中场梅赫梅特·绍尔，绍尔踢出的球击中球门立柱弹出，曼联队逃过一劫！

第81分钟，弗格森孤注一掷，又换上了索尔斯克亚，打起"三前锋"。但获得破门良机的还是拜仁队，德国高中锋卡斯滕·扬克尔倒钩射门，球却被横梁拒之门外，"红魔"再次逃过一劫！

此时，比赛临近结束，拜仁队依然1比0领先。第四官员举牌示意，伤停补时只有3分钟。时仕欧足联主席伦纳特·约翰松认为大局已定，就从主席台上站了起来，准备坐电梯下看台，为新科欧冠冠军拜仁队颁奖。走到博比·查尔顿面前时，约翰松还很有礼貌地对他说了一句"抱歉"，表示安慰。

第90分钟28秒，曼联队获得角球机会，连门将彼得·舒梅切尔都冲到了对方禁区，拼死一搏。贝克汉姆开出角球，舒梅切尔用他那巨大的身躯造成禁区内混

第六章 辉煌的弗格森王朝（上）

乱，谁都没有顶到球，德怀特·约克在远点勉强将球碰回中路，但被托斯滕·芬克解围。

球并没有被踢远，大禁区线上的吉格斯用他不擅长的右脚凌空扫射，结果没有踢上力量。于是，球阴差阳错地来到了小禁区外的谢林汉姆面前，天赐良机！谢林汉姆顺势转身射门，将球打入球门右下死角，1比1！曼联队竟然扳平了比分，难道双方要踢点球大战了？

第92分钟16秒，也就是伤停补时的最后时刻，曼联队再次获得角球。还是贝克汉姆主罚，谢林汉姆前点高高跃起一蹭，球改变方向来到索尔斯克亚的脚下，"娃娃脸杀手"用脚尖将球凌空垫入球门，2比1，曼联队绝杀！

索尔斯克亚张开双臂，滑跪庆祝，拜仁队球员当场崩溃，失声痛哭。而此时，约翰松才从看台入口走出来，看到这一幕，他的第一个想法是："太不可思

07 "诺坎普奇迹",该死的足球!

议了!输球的在跳舞,赢球的在痛哭!"

"诺坎普奇迹"诞生了,这是欧冠历史上最伟大的决赛之一,也是足球比赛历史上最经典的逆转之一。曼联队成就了队史第一个"三冠王",亚历克斯·弗格森完成了连马特·巴斯比爵士都没有完成的旷世伟业,他被英国王室授予下级勋位爵士,也成为"爵爷"。

当然,弗格森还留下了那句旷世名言:"Football, bloody hell!"(这该死的足球!)

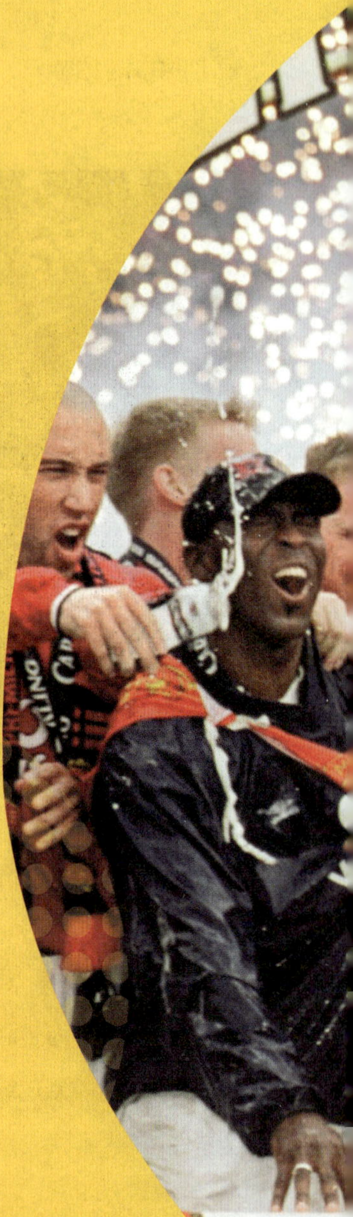

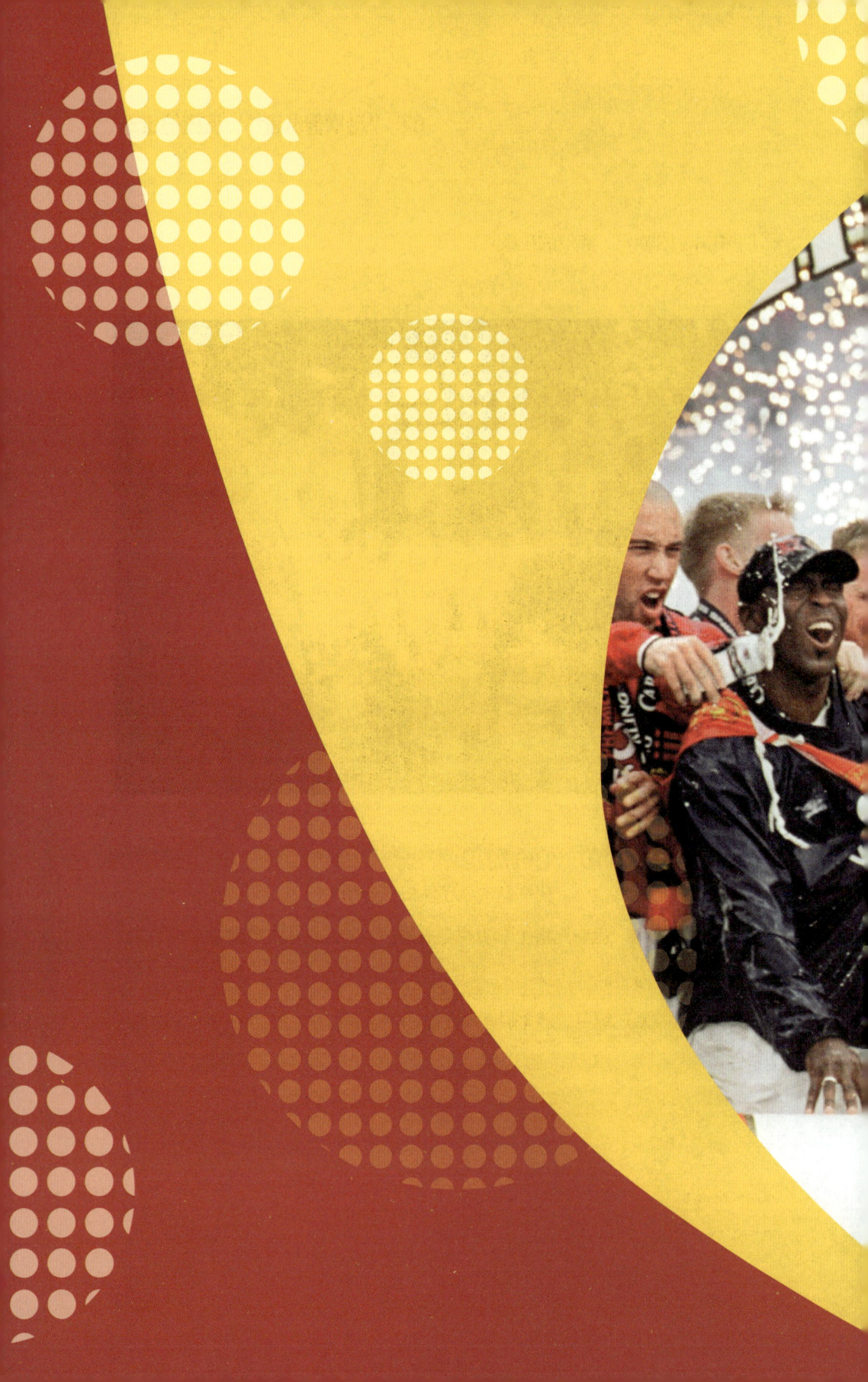

第七章

辉煌的弗格森王朝（中）

当时谁也不知道，弗格森已经默默凑齐了称霸英格兰乃至整个欧洲足坛的冠军阵容！

01

三连冠，史无前例

自英超创立以来，还从来没有任何球队实现过三连冠，曼联队是历史上第一支达到这一成就的球队。

01 三连冠，史无前例

打江山难，守江山更难。在成就震古烁今的"三冠王"伟业后，弗格森的任务变成了将曼联队的辉煌延续下去，而他面临的第一个挑战，就是彼得·舒梅切尔的离开。如果没有这位36岁的丹麦"门神"，"红魔"能否加冕"三冠王"，还是未知数，而当务之急，就是找到他的接班人。

这一重任的难度，不亚于寻找巴斯比爵士的接班人。弗格森先试了澳大利亚门将马克·博斯尼奇，接着又试了意大利门将马西莫·泰比，但两人都顶不住压力，频繁出现低级失误，于是曼联队只能依靠长期担任替补门将的37岁荷兰老将雷蒙德·范德胡。

第七章 辉煌的弗格森王朝（中）

所幸，曼联队在进攻端的表现非常出色，在1999—2000赛季英超开局取得9轮不败。虽然第10轮在客场0比5惨败给切尔西队后失去了榜首的位置，间隔一轮之后又不敌热刺队，跌至第三，但从那之后，弗格森的球队稳住阵脚，竟然只输了一场！

从2000年1月底重返榜首之后，曼联队就牢牢掌控着领先优势，最终以18分的巨大优势完胜温格的阿森纳队，卫冕成功，实现英超两连冠！

在欧冠赛场上，"红魔"非常轻松地通过了两个阶段小组赛的考验，不过淘汰赛刚开始，曼联队就在1/4决赛遇到了皇马队。

首回合，弗格森的球队从伯纳乌球场带走了一场0比0的平局，次回合回到"梦剧场"，曼联队似乎形势占优。然而令人没有想到的是，罗伊·基恩打入乌龙球，劳尔·冈萨雷斯梅开二度，曼联队竟然0比3落后！

虽然贝克汉姆和斯科尔斯连扳两球，但这一次，奇迹没有重演，曼联队最终2比3告负，止步八强，未能成功卫冕！

至于足总杯，曼联队更是连卫冕的机会也没有。因为"红魔"要去巴西参加刚刚创立的第一届国际足联俱乐部世界杯（简称"世俱杯"），还要去日本东京参加丰田杯，比赛实在太多，只能忍痛放弃足总杯。

英国舆论对此非常不满，因为足总杯是英格兰足坛最传统的赛事，《镜报》甚至做了一整版内容，援引上至英国首相，下至体育明星、娱乐明星等的言论，打出了《英国有人认为曼联队可以不参加足总杯吗？》这样的标题。

其实这怪不得曼联队，时任球队主席马丁·爱德华兹曾打算拒绝国际足联的邀请，不参加首届世俱杯，但英国政府和英足总均支持球队参赛，因为当时英足总正在争取2006年世界杯的主办权，希望以此来讨好国际足联。

最终的结果是，曼联队在世俱杯小组赛便被淘汰，但在丰田杯凭借罗伊·基恩的进球1比0力克巴西的帕尔梅拉斯队，夺得队史第一座洲际赛事的冠军奖杯。

01 三连冠，史无前例

2000—2001赛季，曼联队虽然在慈善盾杯中0比2不敌切尔西队，丢掉第一个冠军，但在英超中依然非常强势，几乎不可阻挡，从10月开始就位居积分榜榜首，而且从那之后就再也没掉下来过。

唯一的遗憾，就是曼联队在"双红会"中被利物浦队主客场"双杀"，但对大局没有产生影响。"红魔"依然以10分优势击败阿森纳队，完成了英超三连冠，而利物浦队落后11分，排名第三。

自英超创立以来，还从来没有任何球队实现过三连冠，曼联队是历史上第一支达到这一成就的球队；同时，曼联队也是英格兰足球顶级联赛自1888年创立以来，第四支完成三连冠的球队，而最近一支做到的球队，还是1983—1984赛季的利物浦队。

02

"飞靴门",师徒决裂

昔日情同父子的弗格森和贝克汉姆就此决裂,几个月之后,贝克汉姆被曼联队交易到了皇马队,转会费2500万英镑。

02 "飞靴门",师徒决裂

曼联队加冕"三冠王"之后又实现了英超三连冠,弗格森的执教生涯已经达到了后人难以企及的高度,这也让即将过六十大寿的他萌生去意,甚至宣布将在2001—2002赛季结束后退休!

于是,曼联队只能在匆忙之间寻找弗格森的接班人,并且选定了瑞典名帅斯文-约兰·埃里克松。彼时埃里克松正处于事业巅峰期,带领英格兰队在世界杯预选赛中以5比1大胜德国队。不过很快,弗格森就发现自己放不下绿茵场,最终改变了主意。

弗格森留下,曼联队也吃下了定心丸,开始冲击四连冠了。其实在上个赛季,"黑风双煞"的状态就已经严重下滑,好在35岁的老将谢林汉姆"老夫聊发少年狂",打入15球,索尔斯克亚也有10球入账,这才稳住了局面。所以,新的赛季,曼联队不仅在寻找新的门将,也在寻找新的前锋。

在锋线上,弗格森终于让他钦点的荷兰中锋鲁德·范尼斯特鲁伊(简称"范尼")来到"梦剧场"。范尼原本在一年之前就应该加盟曼联队,但因为膝盖受伤只能临时取消。但是,弗格森没有放弃,终于在一年之后得到了他。

当然,范尼也给予弗格森和曼联队以巨人回报。有"小禁区之王"美誉的他在英超第一个赛季就打入23球,在各项赛事中更是总计攻入36球!而这样的表现,也迫使安迪·科尔在2001年12月离队。

不过,另一位备受期待的重磅新援却表现得非常糟糕。曼联队斥资2810万英镑,创队史转会费纪录从意大利的拉齐奥队签下了"巫师"胡安·塞巴斯蒂

第七章 辉煌的弗格森王朝（中）

安·贝隆。但也许是不适应英国的环境和英超的节奏，贝隆始终没有踢出自己的身价，也没有达到球队的要求。

再加上荷兰中卫雅普·斯塔姆的离队、法国中卫劳伦特·布兰科的加盟，曼联队的阵容经历了太多变动，而且三连冠已经让很多球员感到疲劳、缺乏动力。与之相反的是，温格的阿森纳队展现出对英超冠军的强烈渴望，球队阵容方面也更加稳定。

于是，曼联队在2001—2002赛季仅仅获得英超季军，落后冠军阿森纳队10分，利物浦队排名第二。而在欧冠赛场上，"红魔"则因为客场进球少的劣势，被勒沃库森队淘汰出局，遗憾止步半决赛。

2002年夏天，弗格森继续对后防线进行更新换代，以大约3000万英镑的转会费从利兹联队签下了英格兰中卫里奥·费迪南德，这也让他成为当时世界足坛

02 "飞靴门",师徒决裂

身价最高的后卫。

曼联队和利兹联队是一对足坛死敌,两队的恩怨甚至可以追溯到15世纪英国著名的"玫瑰战争"。但是2002年,利兹联队身处财务危机当中,只能将年仅23岁的里奥·费迪南德交易给死敌,而里奥·费迪南德也用日后的成就证明,自己确实配得上这么高的转会费。

2002—2003赛季,又是范尼闪耀赛场的一个赛季:他在联赛里打入25球,荣获英超金靴奖;在欧冠中攻进12球,蝉联欧冠最佳射手;各项赛事共有44球入账,创造了自己职业生涯的单赛季进球纪录,此后再也没有超越过。

但是这个赛季曼联队的主角,是大卫·贝克汉姆。

贝克汉姆在上赛季的最后一天刚刚与曼联队续约至2005年,并且在2002年世界杯上成功"复仇"四年前害自己吃到红牌的阿根廷队。

然而在2003年2月15日,那起震惊欧洲足坛的事件发生了!足总杯第5轮,曼联队被阿森纳队淘汰,比赛结束后曼联队球员回到更衣室,弗格森直接冲着贝克汉姆去了:"大卫,第二个丢球怎么说?你当时在做什么?"

贝克汉姆自我辩解道:"这个不是我的错。他们队有个家伙在中场越位了。"弗格森继续怒斥:"我在比赛前告诉过你。问题在于你根本不让别人跟你说话,你根本就不听别人说话。大卫,当你犯错误的时候,你得坦率承认错误。"

贝克汉姆坚决不认错,弗格森向着他走过去,正巧地板上放着一只球鞋,于是球员时代踢前锋的弗格森抬起腿,一脚将鞋踢开,好巧不巧的是,鞋子正好击中了贝克汉姆的左侧眉骨!

被击中后流血的贝克汉姆瞬间情绪失控,不顾一切地冲向弗格森,几个队友赶紧站起来,吉格斯第一个冲过去拉住贝克汉姆。弗格森也被惊到了,不由自主地后退了几步。而很快,贝克汉姆平静了下来,自己走进了医务室。

这就是著名的"飞靴门"事件。昔日情同父子的弗格森和贝克汉姆就此决

第七章 辉煌的弗格森王朝（中）

裂。几个月之后，贝克汉姆被曼联队卖给了皇马队，转会费2500万英镑。

所幸，这起事件并没有影响曼联队在联赛里的表现。其实那个赛季，曼联队开局非常糟糕，前6轮只有2胜，一度仅排在第10位。而阿森纳队开局极为出色，一度将不败场次扩大到30场，温格一度相信，阿森纳队正距离完美越来越近。

直到2002年10月19日，阿森纳队终于输球了，败给了埃弗顿队。这场比赛中，一个叫韦恩·鲁尼的16岁小伙子在最后一分钟破门，成为当时英超历史上最年轻的进球者。

曼联队奋起直追，与阿森纳队的积分差距不断缩小。12月7日的双雄对决，"红魔"主场2比0击败阿森纳队，将分差缩小到8分。而在1比3输给米德尔斯堡队之后，弗格森的球队彻底爆发了，从那之后，曼联队再也没有输掉那个赛季的任何一场英超比赛。

4月5日，范尼梅开二度，曼联队在老特拉福德球场4比0大胜利物浦队，积分一举追平阿森纳队！一周之后，斯科尔斯上演帽子戏法，曼联队以6比2狂胜纽卡斯尔联队，在积分榜上完成反超！

4月16日，曼联队在客场2比2战平阿森纳队，保住了榜首位置，从此一骑绝尘，最终以5分优势夺回英超冠军！

03

双子星：C罗与鲁尼

夺冠之后，贝克汉姆离开了曼联队，留下了传奇的7号战袍，它的下一位主人是谁？弗格森选择了一个年仅18岁的葡萄牙新星——C罗。

第七章 辉煌的弗格森王朝（中）

夺冠之后，贝克汉姆离开了曼联队，留下了传奇的7号战袍，它的下一位主人是谁？弗格森选择了一个年仅18岁的葡萄牙新星——C罗。

C罗出生于1985年2月5日，从小就显露出惊人的足球天赋，加盟曼联队之前，他已经在葡萄牙体育队崭露头角，受到不少欧洲豪门球队的青睐。此前，C罗一度接近加盟阿森纳队，但是2003年夏天，缘分让他和曼联队走到了一起。

03 双子星：C罗与鲁尼

当时，葡萄牙体育队和曼联队进行了一场友谊赛，C罗担任左边锋，戏耍了曼联队的右后卫约翰·奥谢，让他颜面尽失。奥谢回到更衣室之后，大吼道："这个该死的小子到底是谁？"

弗格森见状，赶紧联系对手，以最快速度签下了C罗，转会费1224万英镑。C罗原本以为自己会身穿在葡萄牙体育队的28号球衣，但是弗格森直接把7号球衣给了他，可见真的是对其寄予厚望。

不过2003—2004赛季注定不属于曼联队，而是属于阿森纳队。在温格的带领下，阿森纳队以不败战绩夺得英超冠军。"红魔"不敢直撄其锋，最终仅仅位列第三，平了球队在英超时代的最差排名。好在曼联队在足总杯半决赛中以1比0淘汰了阿森纳队，毁了对手"双冠王"的美梦，并最终成功折桂。

C罗到来的一年之后，弗格森又从埃弗顿队挖来了另一位天才新星，他就是韦恩·鲁尼，"双子星"齐聚"梦剧场"。

鲁尼出生于1985年10月24日，从小就是埃弗顿队的铁杆球迷，未满17岁就代表埃弗顿队完成英超首秀，而且用自己的英超首球，终结了阿森纳队的30场不败。

2004年夏天，18岁的鲁尼在欧洲杯上大放异彩，成为欧洲杯历史上最年轻的进球球员，弗格森也果断出手，在8月31日将其揽入麾下，转会费高达2700万英镑。

04

"吸血鬼"格雷泽家族

在赛场之外,曼联队发生了巨大变化——它的主人更换了。

04 "吸血鬼"格雷泽家族

接下来的两个赛季,则轮到切尔西队称霸英超。在俄罗斯人罗曼·阿布拉莫维奇收购这支西伦敦球队之后,切尔西队开始崛起,并在若泽·穆里尼奥的带领下完成两连冠。这也导致曼联队在2004—2005赛季"蝉联"英超季军,在2005—2006赛季也只是升至亚军而已,这两个赛季球队给人留下的最深刻的印象,也许就是在2004年10月打破了阿森纳队49场不败的"金身"。

第七章 辉煌的弗格森王朝（中）

在赛场之外，曼联队发生了巨大变化——它的主人更换了。

2005年夏天，来自美国的格雷泽家族完成对曼联队的收购。这是一个成功运用杠杆收购的经典商业案例。所谓"杠杆收购"，是指收购者以很少的本钱为基础，从投资银行或其他金融机构借贷大量资金进行收购活动，成功收购后利用公司的收入来支付因收购而产生的高比例负债，以达到利用很少的本钱获取高额利润的目的。

当时，马尔科姆·格雷泽的身家只有10亿英镑。但他展开杠杆收购，从美国摩根银行和美国三大对冲基金得到贷款，结果自己只掏了2.5亿英镑的现金，就完成了7.91亿英镑的收购案！

那一年的5月12日，马尔科姆·格雷泽买下曼联队两大股东麦克马努斯和马格尼尔手中球队28.7%的股份。6月份，他将曼联队从伦敦证券交易所撤牌，最终把"红魔"变成100%的私有财产。

拥有曼联队以来，格雷泽家族做出的最大贡献，就是打造出世界足坛最大的商业帝国之一。但是，曼联队的球迷还是非常厌恶甚至痛恨他们，因为无论是马尔科姆·格雷泽，还是他的儿子阿夫拉姆·格雷泽和乔尔·格雷泽，都不是真心爱这支球队，只是将其当作赚钱的工具，而且从来不自掏腰包，都是拿着球队赚来的钱进行引援，同时享受着球队营收带来的分红，他们也被"红魔"拥趸怒斥为"吸血鬼"。

反对格雷泽家族的声浪，甚至造成了曼联队球迷的分裂。曼联队的部分死忠球迷选择离开，于2005年自发创立了联合曼彻斯特足球俱乐部。不过将近20年时间过去了，这家俱乐部目前只能在英格兰第七级别足球联赛里混迹。

05

董方卓的荣耀与遗憾

2004年1月,年仅19岁的董方卓因其出色的运动能力及天赋,加盟曼联队,弥补了当年宿茂臻无缘加盟的遗憾。

第七章 辉煌的弗格森王朝（中）

当时，弗格森深知自己要再次对曼联队进行换血重建了，而他开刀的第一个对象，就是功勋队长罗伊·基恩。

2005年10月29日，曼联队1比4不敌米德尔斯堡队。罗伊·基恩在赛后接受采访时公开批评里奥·费迪南德、约翰·奥谢、阿兰·史密斯、基兰·理查德森、达伦·弗莱彻等年轻球员，弗格森对此非常愤怒，阻止球队的官方电视台重播录像。

几天之后，罗伊·基恩又在训练场上与弗格森和曼联队的助理教练卡洛斯·奎罗斯发生口角。他对弗格森说道："你老了，我们需要你做更多，老头子。我们已经被对手甩开了。"

结果就是，罗伊·基恩被弗格森下放到了预备队，并在11月份被球队提前解约。

后来，罗伊·基恩非常后悔，但他后悔的是自己当时竟然找弗格森和奎罗斯道歉了："如今我真希望自己不曾道过歉。事后我想，我认什么错啊！我只是想做正确的事情而已。"

范尼也没能幸免。这位进球如麻的"锋线杀手"太执着于自己破门得分，而且还在训练中与C罗发生冲突。弗格森以前很宠爱这位荷兰中锋，但现在更维护自己的葡萄牙爱徒，于是，"红魔"的10号战袍也在2006年夏天换了主人，从此属于鲁尼。

与此同时，弗格森也在转会市场上引进新援。2005年夏天，已经35岁的荷

05 董方卓的荣耀与遗憾

兰门将埃德温·范德萨来了，转会费只有200万英镑，后来人们都知道，曼联队终于找到了彼得·舒梅切尔的接班人；韩国中场朴智星也来了，转会费400万英镑。而在2006年冬季转会窗口，名不见经传的塞尔维亚中卫内马尼亚·维迪奇和法国左后卫帕特里斯·埃弗拉也来了，两人的转会费加起来也只有1250万英镑。

当时谁也不知道，弗格森已经默默凑齐了称霸英格兰乃至整个欧洲足坛的冠军阵容！

2006—2007赛季，C罗和鲁尼爆发了，两人联手在联赛中打入31球，帮助曼联队以6分优势击败切尔西队，夺回了阔别三年的英超冠军！

值得一提的是，2007年5月9日，曼联队在斯坦福桥球场对阵切尔西队，中国球员董方卓首发登场，迎来英超首秀。

2004年1月，年仅19岁的董方卓因其出色的运动能力及天赋，加盟曼联队，

第七章 辉煌的弗格森王朝（中）

弥补了当年宿茂臻无缘加盟的遗憾。不过由于队内人才济济，他被租借到了比利时球队皇家安特卫普队。2005—2006赛季，他攻入18球，荣膺比利时足球乙级联赛的金靴奖，这也是中国球员首次在欧洲联赛里获得金靴奖。

2007年1月，董方卓与曼联队签订了一份为期三年半的正式合同，总价值达到350万英镑。而在那场与切尔西队的比赛中，他的三脚远射震慑了斯坦福桥球场的球迷。第73分钟时，董方卓被鲁尼换下。

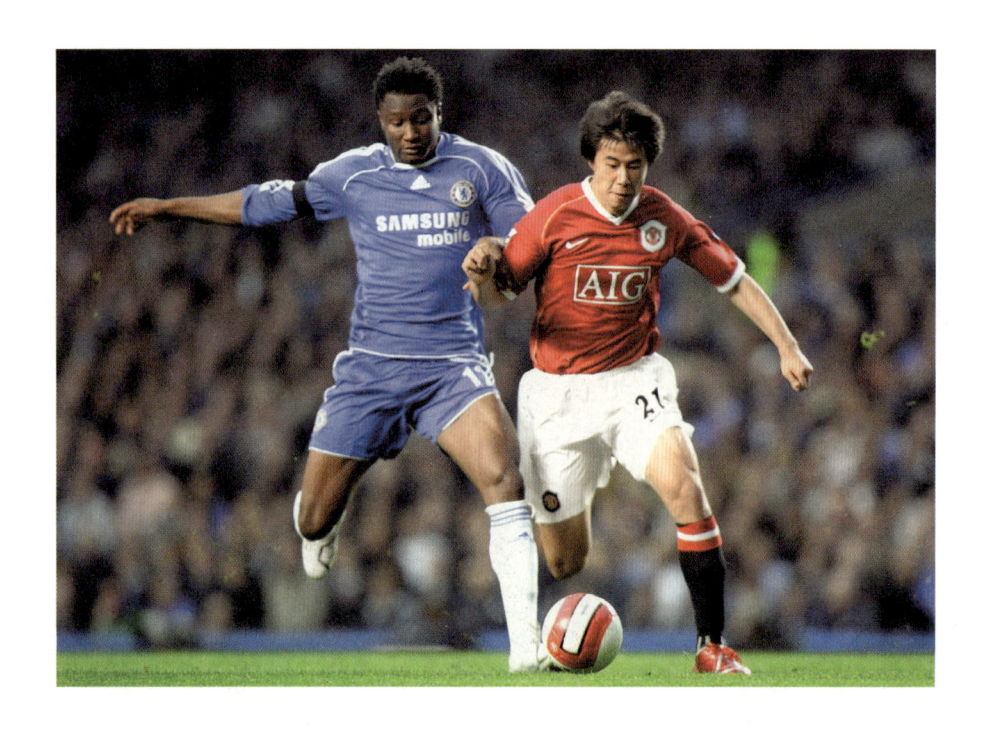

2007年12月，欧冠小组赛最后一轮，曼联队客场1比1战平罗马队，第72分钟，董方卓替补登场换下鲁尼，成为继孙祥之后又一位亮相欧冠的中国球员。

可惜的是，由于伤病、能力等多方面原因，董方卓最终还是没有留在曼联队，他于2008年8月回到国内，让人深感遗憾。但无论如何，他也是曼联队这个辉煌赛季的参与者与见证者。

06

再登欧洲之巅！

　　1968年、1999年、2008年，40年，三座欧冠冠军奖杯，曼联队在这期间经历了千难万险，但球队从未停止前进的脚步，从未放弃对至高荣誉的追求，一直不懈努力、勇攀高峰，所以无论需要等待多久，收获的那一刻总会到来，绝不相负。

第七章 辉煌的弗格森王朝（中）

2007—2008赛季的开头，对于曼联队来说是一个吉兆，更是一个预言或者说是一场预演：曼联队在社区盾杯（原慈善盾杯，2002年更名为社区盾杯）比赛的常规时间里1比1战平切尔西队，最终经过点球大战惊险击败对手，夺得冠军！

然而在英超的比赛中，由于鲁尼的受伤和C罗的停赛，曼联队竟然前三轮不胜，排名暴跌至第17位！所幸，曼联队很快就重整旗鼓，用八连胜完成逆袭。而除了C罗和鲁尼发挥出色，这个夏天从西汉姆联队加盟的阿根廷前锋卡洛斯·特维斯也有着精彩的表演，三人组成了曼联队的锋线"三叉戟"。

06 再登欧洲之巅！

2008年1月12日，"红魔"主场6比0大胜纽卡斯尔联队，C罗上演了加盟曼联队之后的第一个帽子戏法，也是他第一次效力曼联队期间唯一的帽子戏法。在大胜之后，弗格森的球队也终于登上了英超积分榜的榜首。

随后，曼联队又以3比0的比分大胜利物浦队，2比1力克阿森纳队，一直力压切尔西队领跑积分榜。然而在4月26日的比赛中，曼联队客场1比2不敌切尔西队。这样一来，在只剩两轮比赛的情况下，两队同分，"红魔"只具有净胜球的优势。

不过，最后两轮曼联队没有掉链子，稳稳拿下6分，反倒是切尔西队没有顶住压力，丢了2分。于是，弗格森率队在英超成功卫冕，实现两连冠！但是，对于"红魔"来说，更重要的冠军奖杯，还是欧冠的冠军奖杯。

截至2008年，曼联队已经9年无缘欧冠决赛和冠军奖杯了，而这一年，又正

第七章 辉煌的弗格森王朝（中）

好是曼联队首次问鼎欧冠40周年，所以弗格森对欧冠冠军是志在必得。

曼联队在小组赛阶段的表现非常强势，拿到五连胜，提前以小组头名出线。而在1/8决赛，"红魔"首回合凭借特维斯在第87分钟的进球从里昂带走一场平局，次回合又凭借C罗取得的全场比赛唯一进球，最终淘汰里昂队，晋级八强。

1/4决赛，曼联队再次遇到了小组赛的对手罗马队。2006—2007赛季，"红魔"曾经7比1大胜"红狼"（罗马队的绰号）。一年之后，比分不同，但结局相同。曼联队"三叉戟"齐爆发，C罗和鲁尼闪耀罗马奥林匹克球场，特维斯则在老特拉福德球场建功，"红魔"总比分3比0跻身四强！

半决赛，弗格森的球队遇到了真正的对手——巴萨队。4月23日，首回合比赛在诺坎普球场进行，加布里埃尔·米利托手球送点，但C罗主罚的点球不幸击中球门横梁，两队最终0比0互交白卷。

06 再登欧洲之巅！

4月29日，曼联队回到"梦剧场"，斯科尔斯开场45秒就对梅西犯规，似乎预示着大麻烦要来了。但是"生姜头"第14分钟惊天远射破门，一举将"红魔"送入了决赛！

就像赛季前的社区盾杯那样，曼联队和切尔西队会师2007—2008赛季的欧冠决赛。

2008年5月21日，莫斯科下起了大雨，但足球场上没人相信眼泪。弗格森和切尔西队主教练阿夫兰·格兰特都派出了最强阵容。

比赛开始后，切尔西队边锋弗洛伦特·马卢达两次送出传中球，都被曼联队的防守队员解围，而曼联队的中场欧文·哈格里夫斯也做出回应，他的传中球被切尔西队的阿什利·科尔阻挡之后飞向球门，又被门将彼得·切赫稳稳没收。

第21分钟，斯科尔斯拦截克劳德·马克莱莱时犯规，双方互起争执，结果都得到黄牌。5分钟之后，进球来了：韦斯·布朗在右路与斯科尔斯配合之后摆脱弗兰克·兰帕德，送出精准传中球，迈克尔·埃辛防守失误，C罗高高跃起，头球攻门得手，曼联队1比0领先！

第27分钟，迪迪埃·德罗巴在禁区混战中将球回传，米夏埃尔·巴拉克在禁区前沿劲射高出横梁，这是切尔西队在本场比赛中的首次射门。

第35分钟，鲁尼长传球转移，C罗在左路传中，特维斯的头球被切赫挡出，约翰·特里勉强将球解围，迈克尔·卡里克在禁区边缘的推射又被切赫扑出。

直到第45分钟，比赛中的第2粒进球才到来：埃辛远射，球发生偏转后被里奥·费迪南德挡下，出击的范德萨失去重心，里奥·费迪南德封堵不及，兰帕德推射破门，1比1，切尔西队扳平比分！

下半场，两队都有进球机会，特别是切尔西队，在第78分钟差点儿破门：阿什利·科尔传球，德罗巴弧线球射门，球打中球门右侧立柱弹出！曼联队的历史性时刻在常规时间结束之前到来：吉格斯替补登场，以759场打破了博比·查尔

第七章 辉煌的弗格森王朝（中）

顿爵士保持的纪录，成为曼联队出场次数最多的球员！

90分钟战罢，两队1比1握手言和，比赛结果和社区盾杯不能说相似，只能说一模一样。

加时赛第94分钟，曼联队再次逃过一劫：兰帕德转身射门击中球门横梁！第116分钟，双方互起争执，德罗巴掌掴维迪奇被红牌罚下。"红魔"多一人作战，可惜时间已经不够，只能进入残酷的点球大战！

特维斯先罚命中，巴拉克一击即中，卡里克和儒利亚诺·贝莱蒂也都罚入点球。

第三轮，C罗出现致命失误，主罚的点球被切赫扑出！葡萄牙球星仰天长叹，已经流下了悔恨的泪水。随后，兰帕德低射破门，切尔西队取得领先。

第四轮，哈格里夫斯和阿什利·科尔也都主罚命中。到了第五轮，特里在罚进就能获胜的情况下竟然将球踢飞，上天再次眷顾了曼联队！

第六轮，安德森和萨洛蒙·卡卢双双罚中。第七轮，吉格斯低射入网，接下来，范德萨扑出了尼古拉·阿内尔卡的点球，拯救了C罗，拯救了曼联队！

"扑出最后一个点球时的感觉简直无与伦比！我们用这种方式赢得了胜利，真不知道该怎么表达我的心情了！在阿内尔卡主罚之前我就知道他会往哪踢，我的感觉是对的！"范德萨兴奋地说道。

自从舒梅切尔离开之后，"梦剧场"一直没有找到下一位真正的守护神，用了足足6年时间，总算是等到了范德萨，而他也用至关重要的扑救，为曼联队带来了欧冠冠军！为此，弗格森一直让他踢到了41岁，才依依不舍地让这位绰号"冷静猫"的门将离开。

1968年、1999年、2008年，40年，三座欧冠冠军奖杯，曼联队在这期间经历了千难万险，但球队从未停止前进的脚步，从未放弃对至高荣誉的追求，一直不懈努力、勇攀高峰，所以无论需要等待多久，收获的那一刻总会到来，绝不

06 再登欧洲之巅！

相负。

当然，这也是迄今为止曼联队最近一次夺得欧冠冠军，2008年之后，"红魔"一直未能迎来球队的第四座欧冠奖杯，不知道继巴斯比和弗格森两位爵士之后，谁将成为下一位带队问鼎欧冠的曼联队主教练呢？至少16年过去了，我们依然不知道他的名字。

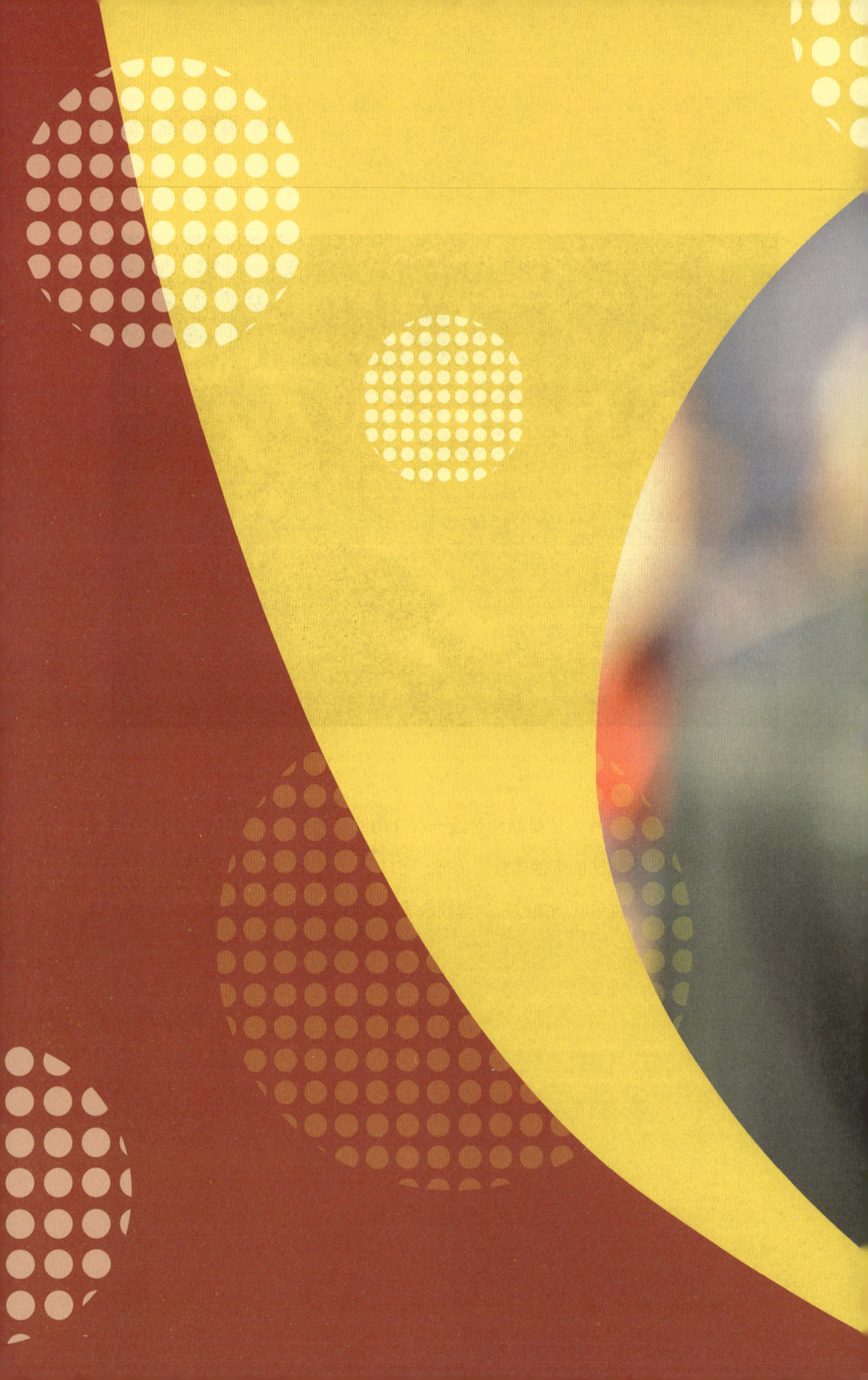

第八章
辉煌的弗格森王朝（下）

而在感激弗格森之余，全世界的曼联队拥趸也不禁产生这样的担心："后弗格森时代"的曼联队，是否会重蹈"后巴斯比时代"的覆辙？遗憾的是，后来的事实给出了肯定的答案。

01

C罗的第一次离开

C罗想去皇马队踢球之心,早已路人皆知。

01 C罗的第一次离开

如果说这个成功的赛季还有什么遗憾，那就是曼联队未能时隔八年再次成就"三冠王"，但是对于弗格森来说，更令他担忧的，是在问鼎欧冠之后，如何能够留住C罗，哪怕只是再留一年。

C罗想去皇马队踢球之心，早已路人皆知。欧冠决赛之后，他就在混合采访区接受了西班牙媒体的采访，并且公开说道："我已经说过无数次了，在西班牙踢球是我的梦想。有时候梦想未必会成真，但这并不妨碍我依然做着那个梦。在曼联队踢球我非常开心，不过说到我的未来，没人知道接下来会发生什么。"

而时任皇马队主席拉蒙·卡尔德隆在接受采访时，竟然用"奴隶制"暗示曼联队把C罗当奴隶，不允许他去自己想去的球队。弗格森听后勃然大怒，在6月9日直接将皇马队告上了国际足联。

等到2008年欧洲杯葡萄牙队被淘汰之后，C罗再次在混合采访区表示："我有一个梦想。并非所有梦想都会成真，但我希望实现。每个人都知道我想要什么。我希望所有事情都能在这个夏天圆满解决。我永远都会对曼联队心存感恩。"

7月10日，C罗在荷兰接受了手术，并宣布"效力皇马队会是自己职业生涯的最佳选择"。弗格森待不住了，四天之后他亲自飞往里斯本，在时任葡萄牙队主教练奎罗斯的家中与C罗会面，极力劝说C罗再留一年。

弗格森对C罗说道："今年你不能走，我不能在卡尔德隆使出那样的手段后还让你离开。我知道你想去马德里，但要现在把你交易给那个家伙，我宁愿一枪

第八章 辉煌的弗格森王朝（下）

崩了你。假如我妥协了，我会名誉扫地，我建立起的一切也会弃我而去，哪怕不得不把你按在替补席上，我也在所不惜。我知道事情不会发展到那一步，但我必须告诉你，今年我是无论如何也不会放你走的。"

最终，C罗妥协了。8月初，他致电卡尔德隆，说道："主席先生，你一定要原谅我，我知道我说过今年就要去皇马队，但是我做不到。弗格森爵士要求我留下，球队也要求我留下。对于曼联队，我需要感谢的事情太多太多，弗格森爵士，他就像我的父亲一样，所以我无法在今年加盟，但是我会安排好下赛季转会所需要的一切。"

01 C罗的第一次离开

到了2008年12月,西班牙媒体《世界体育报》爆料称,曼联队和皇马队已经达成协议,C罗将在赛季结束后转会。弗格森的回应是那句名言:"我一个病毒都不会卖给他们。"

然而记者巴拉格透露,就在12月12日这一天,卡尔德隆和C罗的经纪人豪尔赫·门德斯签好了协议,并且进行了公证,卡尔德隆还跟C罗通了电话,C罗说道:"我非常激动!"

2009年6月1日,皇马队更换主席,弗洛伦蒂诺·佩雷斯上任,不过他公开表示,自己会继续打造"银河战舰",引进C罗。6月11日,曼联队官方宣布与皇马队达成协议,C罗加盟皇马队,转会费8000万英镑,足坛历史最高!

02

第二次三连冠，18冠追平利物浦队！

最终，曼联队以4分优势力压利物浦队，完成了球队历史上第二次英超三连冠！

02 第二次三连冠，18 冠追平利物浦队！

让我们回到2008—2009赛季，看看C罗和曼联队的表现。失去助理教练奎罗斯的弗格森依然稳坐钓鱼台，8月份就为"红魔"带来了新赛季的首冠——社区盾杯冠军。但可惜的是，接下来的欧洲超级杯，身为欧冠冠军的曼联队以1比2输给了欧洲联盟杯（欧洲足联欧洲联赛前身，统一简称"欧联"）的冠军泽尼特队。

联赛中，曼联队在第3场就1比2不敌利物浦队，遭遇首败，第4场又在斯坦福桥球场被切尔西队1比1逼平，排名暴跌至积分榜第15位！但是经验老到的弗格森率队迅速反弹，6轮比赛取得5胜1平的不败战绩，重返积分榜前四。

进入2009年之后，曼联队在强强对话中3比0大胜切尔西队，已经进入争冠集团当中：在少赛两场的情况下落后第二名切尔西队1分，落后榜首的利物浦队5分。而与此同时，弗格森开始创造性地将吉格斯从边路挪到中路，让他发挥技术与经验优势。

1月17日，曼联队凭借夏窗新援、"潇洒哥"迪米塔·贝尔巴托夫的绝杀以1比0力克博尔顿队，自上赛季夺冠之后，终于第一次登上英超积分榜榜首！从那之后，"红魔"就再也没有给竞争对手机会，哪怕之后还输给过利物浦队，但在冲刺阶段的7胜1平，还是将曼联队送上了冠军宝座。

最终，曼联队以4分优势力压利物浦队，完成了球队历史上第二次英超三连冠！更重要的是，这是曼联队的第18个顶级联赛冠军，"红魔"终于追平了利物浦队的纪录，与其并列英格兰足坛历史上获得顶级联赛冠军最多的球队！

此外，弗格森的球队在这个赛季还收获了联赛杯和世俱杯的冠军，算得上是

第八章 辉煌的弗格森王朝（下）

"四冠王"！但是，"红魔"缺少了一座最重要的奖杯——欧冠冠军奖杯。

欧冠小组赛阶段，曼联队踢得并不顺利，只赢了2场比赛，所幸平了另外4场，依然能够保持不败，并以小组头名出线。1/8决赛，曼联队遇到了意甲豪门国米队，首回合客场0比0战平，次回合回到主场，维迪奇和C罗各入一球，以2比0的比分把"红魔"送进了八强。

1/4决赛，曼联队迎战来自葡萄牙的波尔图队。首回合，对手率先破门，鲁尼和特维斯连下两城完成反超，但是马里亚诺·冈萨雷斯的绝平球，让波尔图队握有两个客场进球，占据优势。关键时刻，还是C罗挺身而出，在次回合开场第6分钟就闪击得手，取得全场比赛的唯一进球。

半决赛，英超德比上演，曼联队与阿森纳队碰面。4月29日的首回合比赛，弗格森的球队坐镇"梦剧场"，约翰·奥谢在第17分钟一击制胜，C罗还有一脚惊天远射击中门框，迎来曼联队生涯第800场比赛里程碑的吉格斯也打入一球，

02 第二次三连冠，18冠追平利物浦队！

可惜因为越位被判无效。

5月5日的次回合较量，尽管是客场作战，但占据优势的"红魔"踢得更加游刃有余。开场8分钟，C罗就助攻朴智星破门得分，3分钟后，C罗又用任意球直接破门。

第61分钟，C罗完成梅开二度的好戏，曼联队也完成了对阿森纳队的"双杀"，连续两个赛季跻身欧冠决赛！

这一次，曼联队和弗格森遇到了巴萨队和何塞普·瓜迪奥拉。"梦三"巴萨队刚刚步入巅峰，无论是整体实力还是战术打法，都更胜一筹，而C罗在与梅西的较量中也落于下风。

最终，曼联队0比2完败，无缘卫冕。不过弗格森依然非常大度地承认，在这场欧冠决赛中，对手毫无疑问是那支更好的球队。

03

19冠！
弗格森兑现承诺

"我最大的挑战并不是现在所发生的事情，我最大的挑战是把利物浦队从该死的王座上赶下去。你可以把这句话记下来。"

03 19冠！弗格森兑现承诺

2002年9月，利物浦队名宿阿兰·汉森针对曼联队的开局不利向弗格森发难，认为这是其"职业生涯最大的挑战"。随即，弗格森在接受《卫报》采访时做出了回应："我最大的挑战并不是现在所发生的事情，我最大的挑战是把利物浦队从该死的王座上赶下去。你可以把这句话记下来。"

当时，曼联队的顶级联赛冠军总数是14个，比利物浦队还少4个，但是自从英超创立以来，曼联队已经7次问鼎，利物浦队还是0次！

七年之后，"红魔"拿到18冠，正式追平"红军"（利物浦队的绰号）的纪录。还差一冠，弗格森就可以兑现自己的诺言，把利物浦队从该死的王座上彻底赶下去了。

2009—2010赛季，也就是曼联队失去C罗的第一个赛季，弗格森出人意料地签下了从利物浦队出道的迈克尔·欧文，并且把C罗留下的7号球衣给了他。虽然这不是"双红"之间的直接转会，但考虑到迈克尔·欧文在利物浦队的历史地位和在利物浦队球迷心目中的影响力，这次转会依然足够重磅，足够震惊足坛。

由于受到伤病困扰，此时的迈克尔·欧文早已不在巅峰期，但是他依然能够发挥自己的作用。比如9月20日的曼彻斯特德比，曼联队三度领先，竟然被对手三度追平。直到比赛伤停补时第6分钟，吉格斯送出直传球，替补登场的迈克尔·欧文在禁区左侧冷静地将球推射入网，完成4比3的绝杀！

此外，在12月8日对阵沃尔夫斯堡队的欧冠小组赛，迈克尔·欧文上演了曼联队生涯的第一个帽子戏法；2010年2月28日的联赛杯决赛，同样是他扳平比

第八章 辉煌的弗格森王朝（下）

分，为球队夺冠立下汗马功劳。

不过，这个赛季曼联队表现最好的球员还得是鲁尼。在无须为C罗做嫁衣后，鲁尼终于熬出头，成为球队最重要的攻击手，也爆发出了超强的实力：英超32场26球，欧冠7场5球，各项赛事44场34球！

然而遗憾的是，2010年3月30日，在曼联队客场挑战拜仁队的欧冠1/4决赛首回合中，虽然鲁尼在开场后不久就打入一球，但比赛临近尾声时，他在拼抢过程中脚踝严重受伤！

原本鲁尼预计至少缺席三周时间，然而次回合的老特拉福德球场之战，他竟然神奇复出。结果，他的脚踝再次遭到重创，曼联队也被拜仁队淘汰，无缘欧冠四强。

在对联赛冠军的争夺中，"红魔"与切尔西队一直比拼到最后一轮。可惜的是，虽然弗格森的球队在末轮以4比0击败了斯托克城队，但切尔西队更是以8比0大胜维冈竞技队。最终，曼联队仅以1分之差，非常遗憾地屈居亚军——想要反超利物浦队，还得再等等了。

不过，曼联队并没有等待太长时间。

2010年8月，曼联队在社区盾杯的比赛中3比1击败切尔西队，吹响了2010—2011赛季前进的号角。而11月27日，"红魔"主场7比1大胜布莱克本流浪者队一战，贝尔巴托夫更是独中五元，上演"五子登科"！

12月19日这一天，弗格森迎来大喜之日：他正式超越了马特·巴斯比，成为执教曼联队时间最长的主教练！为了给弗格森贺喜，曼联队的球员也是铆足全力。2011年2月1日，曼联队在3比1战胜阿斯顿维拉队之后，追平了29轮联赛不败的队史纪录。可惜这一纪录未能被打破，因为接下来球队就输给了狼队，遭遇自2010年4月3日以来的第一场联赛败仗。

进入2011年3月，曼联队又接连不敌切尔西队和利物浦队，遭遇两连败。不

03 19冠！弗格森兑现承诺

过随后"红魔"就用五轮不败回到胜利的轨道。而在倒数第三轮再战切尔西队的比赛中，墨西哥前锋"小豌豆"哈维尔·埃尔南德斯开场仅36秒就闪电般进攻得手，维迪奇又接吉格斯角球头球破门，最终曼联队2比1取胜，拿到至关重要的3分。

38轮战罢，曼联队积80分，以9分优势击败切尔西队，夺得球队第19个顶级联赛冠军，从而正式超越利物浦队，成为英格兰顶级联赛历史上夺冠次数最多的球队！"把利物浦队从该死的王座上赶下去"，弗格森做到了！

04

"邻居太吵闹"

整个赛季，曼彻斯特双雄一直在英超积分榜上交替领先，但是四场关键战役的不同结果，让曼联队丢掉了最后的胜利。

04 "邻居太吵闹"

从7比18，到18比18，再到19比18，弗格森用他亲手缔造的曼联队王朝，颠覆了曾经的利物浦队王朝，他的终极使命实际上已经完成了。此时的弗格森已近70岁，确实动了退休的念头。毕竟他在2008年夺得欧冠冠军之后曾经说过，也许会在2012年退休。

然而，曼城队的崛起"毁"了弗格森的心思。

弗格森曾经非常看不上曼城队。2009年9月，当曼联队在曼彻斯特德比4比3绝杀曼城队之后，他曾经说过一句名言："有时你会有一个吵闹的邻居。你拿他没办法，他会一直吵闹下去。你只能继续生活，打开电视，把音量开大一点。今天球员们展现了他们的状态，这就是最好的答案。"

然而到了2011—2012赛季，这个"邻居"就不只是"吵闹"了，而是真正有资格和曼联队竞争英超冠军了！

整个赛季，曼彻斯特双雄一直在英超积分榜上交替领先，但是四场关键战役的不同结果，让曼联队丢掉了最后的胜利。

第八章 辉煌的弗格森王朝（下）

第一场，就是2011年10月23日那场著名的曼彻斯特德比。在老特拉福德球场，曼联队竟然1比6惨败于死敌脚下，创造了曼彻斯特德比的最惨输球纪录，意大利前锋马里奥·巴洛特利掀起球衣，露出印有"为什么总是我"打底衫的画面，更是英超历史上的经典瞬间。

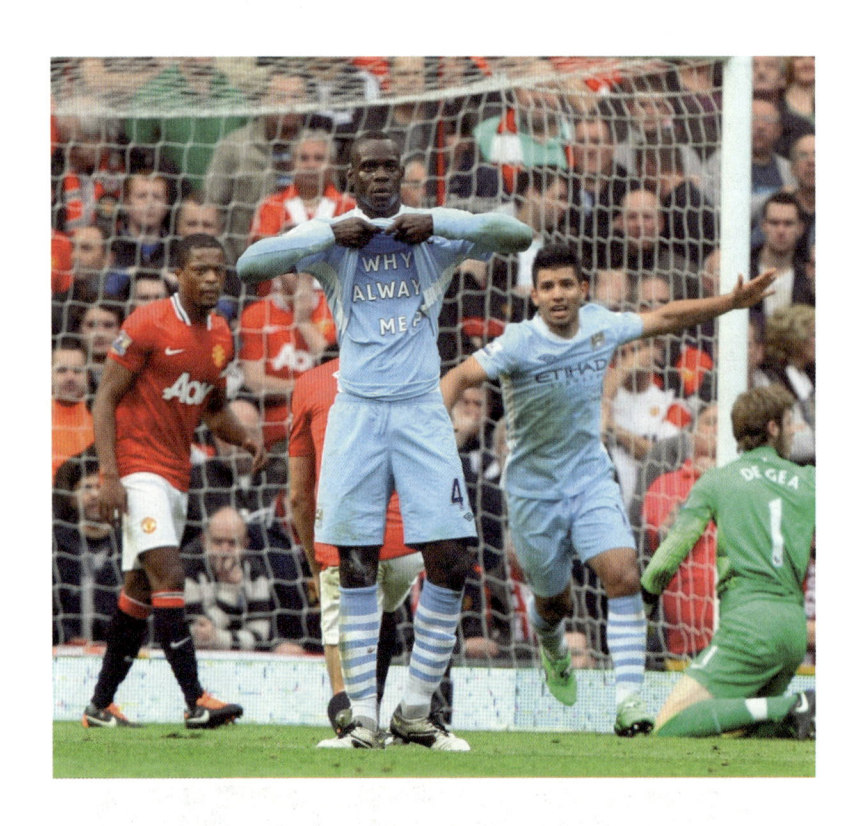

第二场，就是2012年4月22日，曼联队主场迎战埃弗顿队。曼联队虽然先丢1球，但随后完成4比2的反超，眼看胜券在握，"红魔"竟然在最后时刻连丢2球，痛失2分，如果能够锁定此战的胜局，那么冠军也许就是曼联队的了。

第三场，就是2012年4月30日的次回合曼彻斯特德比，曼联队客场0比1告负，惨遭死敌赛季"双杀"。此时两队在积分榜上同分，曼城队以8个净胜球的优

04 "邻居太吵闹"

势位居榜首。

至于第四场比赛,相信球迷朋友无人不知。2012年5月13日,英超最后一轮,曼联队1比0击败桑德兰队,然后等待着曼城队那边的比分。而此时,曼城队依然1比2落后于女王公园巡游者队。

如果比赛在这一刻结束,曼联队就是冠军。

第92分钟,曼城队扳回一球,将比分扳平,但2比2的比分意味着,曼联队仍将是冠军。

接下来,就是那著名的93分20秒了,巴洛特利助攻塞尔希奥·阿圭罗完成绝杀,曼城队3比2取胜。曼城队与曼联队同分,最终就是凭借那8个净胜球夺得了英超冠军!这也是英超历史上第一次通过净胜球来决出最终的冠军归属。

05

20冠，弗格森荣休！

英超13冠，顶级联赛整整20冠，从利物浦队、阿森纳队到切尔西队、曼城队，弗格森击败了一个又一个对手，缔造了无比辉煌的"红魔"王朝，所以，也该结束了。

05 20冠，弗格森荣休！

"吵闹的邻居"以这种方式夺冠，这是弗格森绝对无法容忍的，所以他决定再干一年。曼联队的球员同样咽不下这口气，矢志"复仇"。最重要的是，为了夺回冠军，弗格森从温格手中"撬走"了阿森纳队的头号球星罗宾·范佩西，转会费2250万英镑，附加150万英镑的条款。

这桩交易，可以说是直接影响了2012—2013赛季的英超冠军归属。这不仅是因为范佩西在英超中打入26球，更因为他总是在关键时刻拯救曼联队。

弗格森执教的千场里程碑，曼联队3比2逆转南安普顿队，范佩西上演帽子戏

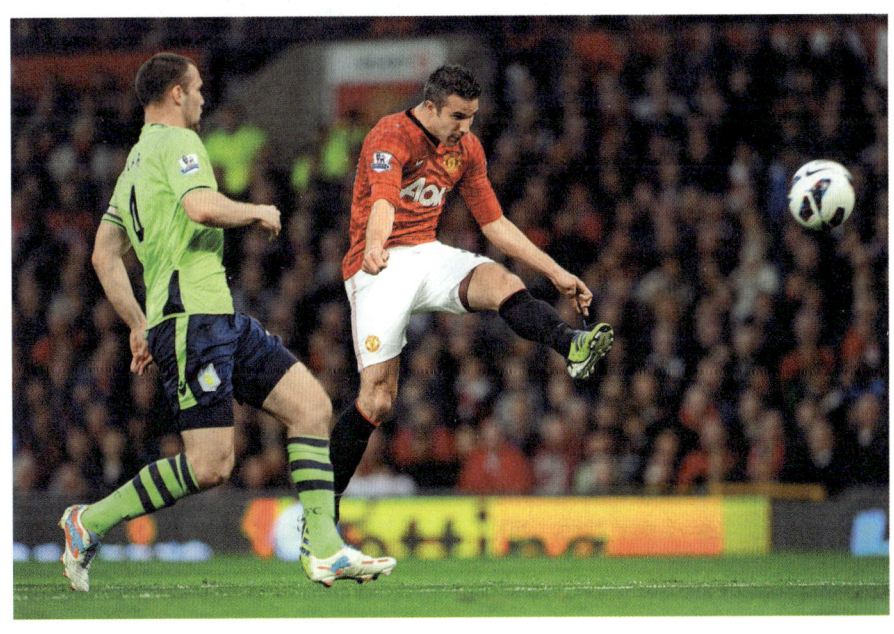

第八章 辉煌的弗格森王朝（下）

法；"双红会"曼联队2比1客场击败利物浦队，他点球绝杀；对阵切尔西队和阿森纳队，他连场破门；曼联队3比2曼城队，他直接任意球破门完成绝杀！

2013年4月22日，范佩西半场上演帽子戏法，帮助曼联队战胜阿斯顿维拉队，提前四轮夺得英超冠军！尤其是他打入的第二球——接鲁尼长传球凌空抽射，轰入"天外飞仙"，是为曼联队夺冠庆典献上的最佳贺礼。

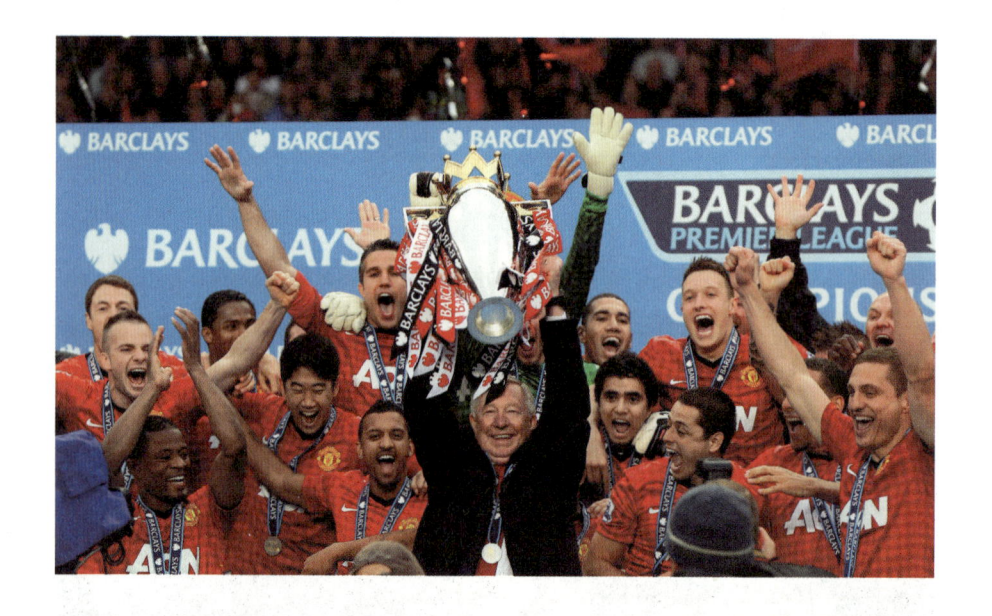

英超13冠，顶级联赛整整20冠，从利物浦队、阿森纳队到切尔西队、曼城队，弗格森击败了一个又一个对手，缔造了无比辉煌的"红魔"王朝，所以，也该结束了。

2013年5月8日，曼联队官方宣布，亚历克斯·弗格森爵士将在赛季结束后正式退休！这一消息轰动了整个世界足坛。

其实在2012年圣诞节前后，弗格森就已经做出退休的决定了，哪怕这个赛季曼联队没有夺冠，他也不会再改变主意了。2013年初，他将这一决定告诉了曼联

05 20冠，弗格森荣休！

队的首席执行官、自己十多年的老友大卫·吉尔。大卫·吉尔对此非常震惊，但也尊重弗格森的决定。

这个消息保密了好几个月，直到2013年3月曼联队在欧冠被皇马队淘汰出局、弗格森彻底失去问鼎欧冠的最后机会之后，格雷泽家族才知道他即将离开。而从4月初开始，越来越多的人怀疑弗格森要退休了，但还没有确凿的证据，直至曼联队的官宣。

然后，就是弗格森执教曼联队的最后一场比赛了。2013年5月19日，曼联队主场迎战西布罗姆维奇队。弗格森在他最后一期《赛前指南》中写道："现在是时候了，对我来说，以最好的状态离开公司很重要，我相信我已经做到了。"他向他的妻子和家人、球员和工作人员、博比·查尔顿爵士、大卫·吉尔和格雷泽家族致敬。

最后，他对粉丝表示了感谢："能有机会领导你们的球队是我的荣幸，我非常珍惜在曼联队执教的时光。"

第八章 辉煌的弗格森王朝（下）

开球前，老特拉福德球场播放了法兰克·辛纳屈的歌曲《我的路》和耐特·金·科尔的歌曲《难以忘怀》。穿过由双方球员组成的仪仗队时，弗格森还不忘和第四官员克里斯·福伊开个玩笑。然后像往常一样，他坐在了助理教练迈克·费兰和雷内·穆伦斯丁之间的替补席上。

当罗梅卢·卢卡库完成帽子戏法，西布罗姆维奇队在2比5落后的情况下顽强扳平比分时，弗格森咀嚼口香糖的场景再次出现，但这一次，没有愤怒。

告别仪式上，弗格森在倾盆大雨中现身，他吐掉了标志性的口香糖，先是和自己的得意门生一一拥抱，然后才缓缓走向球场中心。

这时，"梦剧场"近八万名观众不约而同地再一次爆发出雷鸣般的掌声，弗格森也难以抑制自己的心情，热烈地鼓掌回应。

在长时间的鼓掌结束后，弗格森开始了他的告别演讲。

他说道："我的脑子里完全没有演讲稿，所以我只能随便说说了，希望我能总结好。首先，我要感谢曼联队，不仅是球队董事、医务人员、教练组、球员和球迷，我要感谢所有人，你们是我生活中最美妙的经历。

"我一直很幸运，可以执教一些最好的球员，更不用说执教曼联队了。今天在这里的所有球员都代表了球队正确的运行方式，他们在一个梦幻般的时刻赢得了冠军，干得好，所有的球员。

"我的退休不代表我和曼联队的关系结束了。我现在可以带着享受去观看球队的比赛，而不是和球队一起备受煎熬。你仔细想想，其实所有最后时刻的进球、逆转，甚至输球，都是我们这支伟大球队的一部分。这对我们所有人来说都是一次难以置信的经历，为此我要谢谢你们。

"我还想提醒大家的是，当我们成绩糟糕时，球队一直在支持我，所有的工作人员在支持我，所有的球员也在支持我，而现在，你们的工作是去支持下一位主教练，这很重要。在我开始流泪前，我想向今天退役的斯科尔斯致敬，他太

05 20冠，弗格森荣休！

不可思议了，他是这支球队最伟大的球员之一。保罗（斯科尔斯），我们祝你退休愉快，我知道你会来'骚扰'我。我也希望达伦·弗莱彻早日回归我们的俱乐部。

"我希望在未来每一名球员都能成功。你们知道自己有多么优秀，你们知道自己穿的球衣代表着什么，永远不要让自己失望。期待永远存在。好了，现在我要回家了，我要进去（更衣室）待一会儿，我想代表弗格森家族再次感谢你们，谢谢你们。"

在为曼联队留下13个英超冠军、5个足总杯冠军、4个联赛杯冠军、10个社区盾杯（慈善盾杯）冠军、2个欧冠冠军、1个欧洲优胜者杯冠军、1个欧洲超级杯冠军、1个丰田杯冠军和1个世俱杯冠军之后，71岁的弗格森挥了挥衣袖，与全世界的曼联队球迷告别。

而在感激弗格森之余，全世界的曼联队拥趸也不禁产生这样的担心："后弗格森时代"的曼联队，是否会重蹈"后巴斯比时代"的覆辙？遗憾的是，后来的事实给出了肯定的答案。

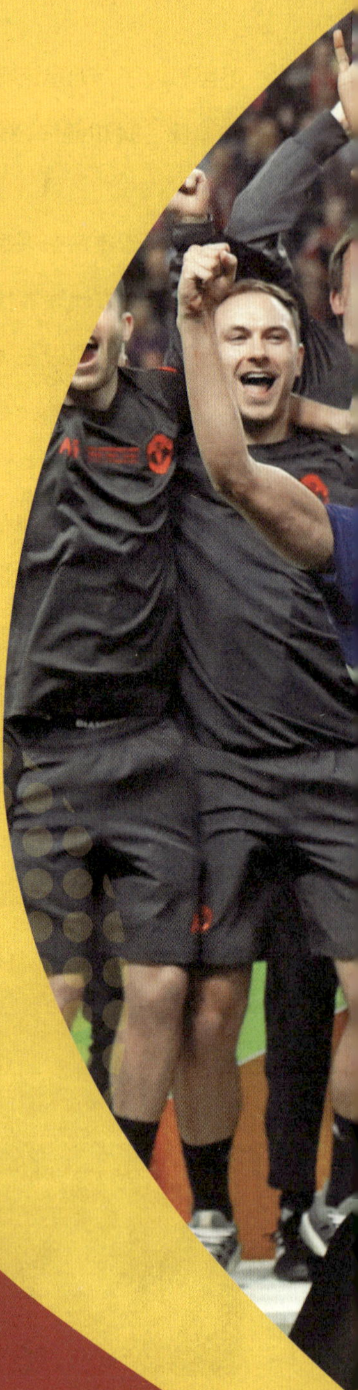

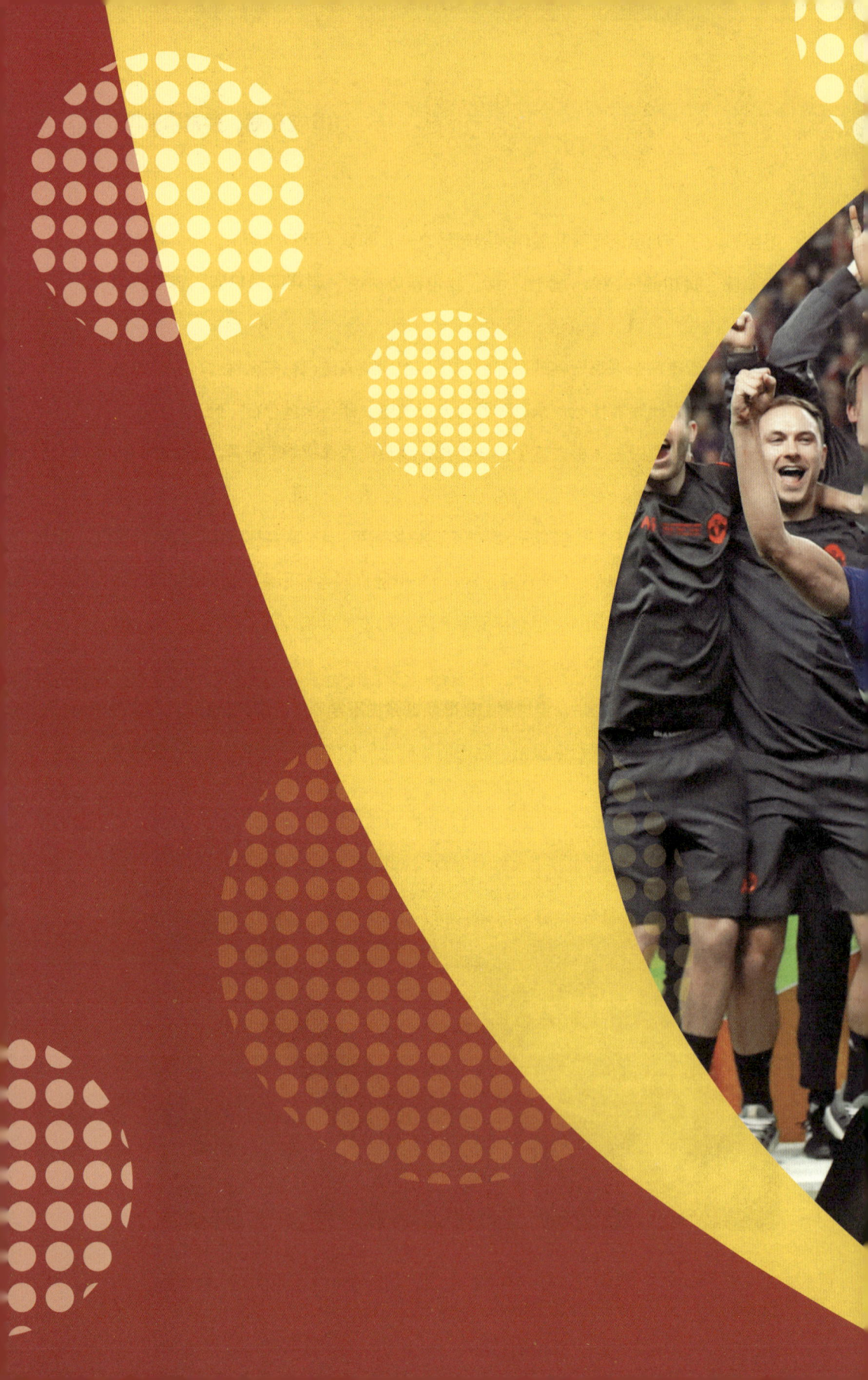

第九章
接班弗格森：从莫耶斯到穆里尼奥

最终，曼联队结束了一个虎头蛇尾的赛季，只获得了一个打破英超冠亚军积分差距历史纪录（19分）的联赛亚军。但这已经是弗格森退休之后，曼联队在英超的最高排名了。

TOCKHOLM FINAL 2017

01

弗格森钦点接班人，莫耶斯早早失败

莫耶斯和费莱尼，是埃弗顿队过去十年的标志性人物，他们的到来，让曼联队越来越像埃弗顿队了。

01 弗格森钦点接班人,莫耶斯早早失败

谁来接班弗格森?许多世界级名师进入了候选人的名单。比如若泽·穆里尼奥和何塞普·瓜迪奥拉,他们被认为是足坛最优秀的主教练,执教能力和过往成绩都绝对配得上曼联队。

大卫·莫耶斯也是一个热门的人选。他在埃弗顿队一待就是11年,又和弗格森一样,都是苏格兰人,被誉为"古迪逊公园的弗格森",看上去很适合作为弗格森的接班人。在弗格森的钦点之下,曼联队最终选择了莫耶斯。

第九章 接班弗格森：从莫耶斯到穆里尼奥

然而莫耶斯一上任，就做了一个"违背祖宗的决定"，他将弗格森留下的功勋教练团队悉数清洗，包括弗格森的左膀右臂、两名助理教练迈克·费兰与雷内·穆伦斯丁，换上了自己在埃弗顿队的教练班子。

莫耶斯在曼联队的开局堪称梦幻，首秀他就率队击败维冈竞技队，赢得了社区盾杯冠军。当时几乎所有人都以为，巴斯比爵士退休之后的悲剧不会重演了。

事与愿违的是，这恰恰是悲剧的开始。

2013年9月1日，莫耶斯迎来了他在曼联队的第一场失利：在安菲尔德球场输给了利物浦队。一天之后，曼联队从埃弗顿队压哨签下了莫耶斯的爱将马鲁万·费莱尼，这也是曼联队在这个夏季转会窗口的唯一引援。

莫耶斯和费莱尼，是埃弗顿队过去十年的标志性人物，他们的到来，让曼联

01 弗格森钦点接班人，莫耶斯早早失败

队越来越像埃弗顿队了。

莫耶斯从未执教过豪门球队，没有管理大牌球星的经验，又缺乏弗格森那样的强硬性格与人格魅力，根本无法赢得吉格斯、范佩西、里奥·费迪南德、维迪奇等球星的信任，在球队内部可以说是毫无威信。

在技战术方面，莫耶斯的打法过于落后和保守，曾经创造过一场比赛传中81次的尴尬纪录，与曼联队崇尚大开大合的进攻传统相悖。于是，哪怕弗格森曾亲口要求球迷支持莫耶斯，"红魔"拥趸依然开始倒戈。

9月28日，曼联队35年来第一次在主场输给西布罗姆维奇队；12月4日，曼联队21年来第一次在主场输给埃弗顿队；12月7日，曼联队自1972年以来第一次在主场不敌纽卡斯尔联队。

进入新年，曼联队输球的脚步也仍未停止：1月1日，热刺队从老特拉福德球场带走三分，这是历史上第一次；1月7日，"红魔"在联赛杯半决赛首回合输给桑德兰队；两周之后，曼联队又在次回合的比赛中输掉点球大战，无缘决赛。

2014年冬季转会窗口，曼联队以3700万英镑的转会费从切尔西队签下了西班牙国脚胡安·马塔，创造了球队转会费最高纪录。但是，莫耶斯用不好这位创造力出众的中场。3月16日，曼联队在主场"双红会"中以0比3惨败利物浦队，这还是在对手罚丢了一个点球的情况下；9天之后，还是在"梦剧场"，曼联队以同样的0比3输给同城死敌曼城队。

球迷终于忍无可忍，专门雇飞机拉横幅，飞过老特拉福德球场的上空，要求莫耶斯下课。

第九章 接班弗格森：从莫耶斯到穆里尼奥

4月9日，曼联队在欧冠1/4决赛被拜仁队淘汰，止步欧冠八强。4月20日，莫耶斯重回古迪逊公园球场，曼联队在客场0比2负于埃弗顿队，彻底失去下赛季的欧冠资格。

欧冠资格是曼联队的底线，莫耶斯打破了底线，于是两天之后，曼联队官方宣布，大卫·莫耶斯下课！弗格森的第一位接班人，以早早失败而告终。

吉格斯临时接替莫耶斯，执教曼联队到赛季结束，最终，"红魔"以64分排名第七，创造了英超时代的球队单赛季最低积分和最差排名！

02

世界级名帅？
"范厨师"！

"红魔"一度连续11场主场比赛无法在上半场破门,"进攻！进攻！进攻！"老特拉福德球场回荡着球迷的嘶吼。

第九章 接班弗格森：从莫耶斯到穆里尼奥

"平平无奇"的莫耶斯不行，曼联队只能去找世界级名帅了。但2014年夏天，穆里尼奥早已重返切尔西队，瓜迪奥拉早已选择拜仁队，曼联队还有谁可以选择呢？答案是路易斯·范加尔。

范加尔拿过欧冠冠军，执教过巴萨队、拜仁队等欧洲豪门球队，是举世公认的"战术大师"，又爱重用年轻球员，名气、能力、成绩、经验都不缺。因此，曼联队在5月19日官方宣布，聘请范加尔担任球队的主帅，而吉格斯成为助理教练。

02 世界级名帅？"范厨师"！

范加尔原本想与曼联队签订一份为期两年的合同，2016年夏天到期之后就退休，但格雷泽家族和球队首席执行官艾德·伍德沃德坚持要求合同期为三年。不过范加尔并没有立即上任，而是先在巴西世界杯上带领荷兰队获得了季军，这似乎证明曼联队的管理层"法眼无差"。

2014年夏季转会窗口，范加尔引进了安德尔·埃雷拉、卢克·肖、马科斯·罗霍、戴利·布林德等球员，租借了哥伦比亚前锋法尔考，但最重磅的引援，还是以创纪录的5970万英镑从皇马队签下了阿根廷边锋安赫尔·迪马利亚，合同为期五年。此时的曼联队，可谓兵强马壮。

然而正式比赛首秀，范加尔就输了。2014—2015赛季开局，曼联队先是在英超首轮主场1比2负于斯旺西城队，紧接着又在联赛杯第二轮0比4爆冷不敌英甲的米尔顿凯恩斯队，引起轩然大波。（2004年，英格兰足球冠军联赛创立，成为第二级别联赛，英甲降为第三级别联赛。）

前10轮联赛过后，曼联队只拿到13分，排名第九，这是球队自1986—1987赛季以来的最糟糕开局！而对阵莱斯特城队在3比1领先的情况下被连进4球逆转，让范加尔彻底丧失了对攻势足球的追求，开始通过大量的横传和回传来保持高控球率，同时通过"大圈战术"建立起以费莱尼为支点的打法。

随着赛季的进展，曼联队状态有所改善，在2015年2月28日至4月12日取得英超六连胜，但随后就分别输给切尔西队、埃弗顿队和西布罗姆维奇队，遭遇三连败。最终，范加尔带领"红魔"获得第四名，好歹重新拿到了欧冠资格。

作为曼联队历史上最贵的球员，迪马利亚接过了7号球衣，表现却让人失望，这既与他不喜欢英格兰的气候、环境，不适应英超的节奏有关，也与范加尔让他踢了太多位置，以致他无所适从有关。结果仅仅效力一年，迪马利亚就离开曼联队，转投巴黎圣日耳曼队。

2015—2016赛季，范加尔继续清洗队内功勋，里奥·费迪南德和埃弗拉在

第九章 接班弗格森：从莫耶斯到穆里尼奥

一年前就走了，现在轮到范佩西、纳尼和"小豌豆"埃尔南德斯。取而代之的则是孟菲斯·德佩、马特奥·达米安、摩根·施奈德林、巴斯蒂安·施魏因施泰格，以及年轻的安东尼·马夏尔。

赛季开局，曼联队表现不错，甚至在2015年9月底登上英超积分榜榜首。然而很快，范加尔的球队就"原形毕露"：联赛杯被英格兰足球冠军联赛球队米德尔斯堡队淘汰；欧冠小组赛仅获得第三，无缘出线，只能去踢欧联。

2016年2月25日，欧联32强淘汰赛次回合，曼联队主场对阵丹麦中日德兰队，范加尔在锋线缺兵少将的情况下给了一名年轻小将机会：18岁的马库斯·拉什福德上演一线队首秀，并且梅开二度。

不过更多的时候，范加尔的球队还是死气沉沉，缺乏激情与活力。这个赛季，曼联队平均每68.5次传球才能换来一次射门，比赛过程乏味无聊，让人看得昏昏欲睡。"红魔"一度连续11场主场比赛无法在上半场破门，"进攻！进攻！进攻！"老特拉福德球场回荡着球迷的嘶吼。

最终，曼联队38轮积66分，因为净胜球的劣势排名英超第五，无缘欧冠，而49球，则创造了曼联队在英超时代的单赛季最少进球纪录，同时也是1989—1990赛季以来的最少进球纪录。

此时，范加尔的命运已经注定。尽管在2016年5月21日，他率领曼联队经过加时赛2比1击败水晶宫队，赢得足总杯冠军，但仅仅两天之后，这位荷兰主帅就被解雇了，只留下"范厨师"的戏谑外号。

02 世界级名帅？"范厨师"！

03

穆里尼奥，
遗恨"梦剧场"

执教曼联队的第一个赛季，穆里尼奥就带来了"小三冠"，人们自然对他抱以很高的期待。

03 穆里尼奥，遗恨"梦剧场"

曾经有传闻称，当弗格森宣布退休时，穆里尼奥满怀期待地认为自己会成为他的接班人，但当得知弗格森选择了莫耶斯之后，不可一世的"狂人"（穆里尼奥的绰号）竟然哭了！

这则传闻出自一位知名记者撰写的穆里尼奥传记，真伪不得而知，但穆里尼奥对弗格森和曼联队的尊重，却是由来已久，所以当格雷泽家族发出邀请时，他迫不及待地答应了。

2015年12月17日，在失去对球队的掌控之后，第二次执教切尔西队的穆里尼奥黯然下课。2016年5月27日，他摇身一变，成为曼联队的主教练。曼联队为

第九章 接班弗格森：从莫耶斯到穆里尼奥

了支持这位世界顶级名帅，从尤文队签回了法国中场保罗·博格巴，还把自由身的"瑞典神塔"兹拉坦·伊布拉希莫维奇带到了"梦剧场"。

穆里尼奥在曼联队的首秀，对手正是自己在切尔西队的最后一个对手——上赛季英超冠军莱斯特城队，结果一场开门红，让他收获了"红魔"生涯的第一个冠军——社区盾杯冠军。

2016—2017赛季开局，曼联队取得英超三连胜，看上去"魔力鸟"（穆里尼奥的绰号）的魔力仍在。虽然从第四轮1比2输给曼城队开始，到第九轮0比4惨败给切尔西队结束，"红魔"一度6轮联赛只取得1胜，但随后，穆里尼奥竟然率队开启了球队历史最长的25轮不败，直到联赛倒数第四场才被阿森纳队终结。

不过，曼联队最终只排名英超第六，并未进入欧冠区，因为在这25轮的联赛不败中，竟然有多达12场的平局！阵地战进攻乏力，这是穆里尼奥执教生涯一直存在的问题，但在"梦剧场"，他最擅长的防守反击也打不出来了，结果便是曼联队整个赛季38轮15平，虽然29球的失球数是英超第二少，但只打入54球也实在是寒酸。

好在联赛杯的赛场上，穆里尼奥率领球队一路过关斩将，杀入决赛，并凭借伊布拉希莫维奇的梅开二度，3比2力克南安普顿队，夺得本赛季的第二座冠军奖杯。

欧联赛场上，曼联队同样是高歌猛进，与荷兰的阿贾克斯队会师决赛。伊布拉希莫维奇、阿什利·扬、卢克·肖、罗霍的受伤缺席，让曼联队有了"拐杖联队"的绰号。但穆里尼奥运筹帷幄，两位新援博格巴和亨里克·姆希塔良先后破门，帮助球队以2比0干脆利落地取胜！

要知道，这可是曼联队历史上第一座欧联冠军奖杯——连弗格森也没有取得过。就此，曼联队创造了欧战全满贯的神奇纪录，并且获得了下赛季欧冠的入场券。

03 穆里尼奥，遗恨"梦剧场"

执教曼联队的第一个赛季，穆里尼奥就带来了"小三冠"，人们自然对他抱以很高的期待。"狂人"也在2017年夏天继续引进强援，最受关注的是转会费高达9000万英镑的卢卡库。与此同时，曼联队的历史射手王鲁尼在这个夏天离开，重返老东家埃弗顿队，他的"红魔"生涯总数据定格为559场，253球。

虽然曼联队在8月份的欧洲超级杯上以1比2负于欧冠冠军皇马队，但2017—2018赛季英超开始之后，穆里尼奥的球队表现相当强势，悄然间占据积分榜榜首的位置，还创造了39场主场不败的纪录！

然而当球迷开始憧憬英超冠军的时候，曼联队却接连在对阵莱斯特城队、伯恩利队和南安普顿队时遭遇不胜，在联赛杯中更是被低级别球队布里斯托尔城队

第九章 接班弗格森：从莫耶斯到穆里尼奥

以1比2淘汰。

此时的曼联队有些病急乱投医，在2018年冬季转会窗口以50万英镑的周薪用姆希塔良换来了阿森纳队的智利球星阿莱克西斯·桑切斯。

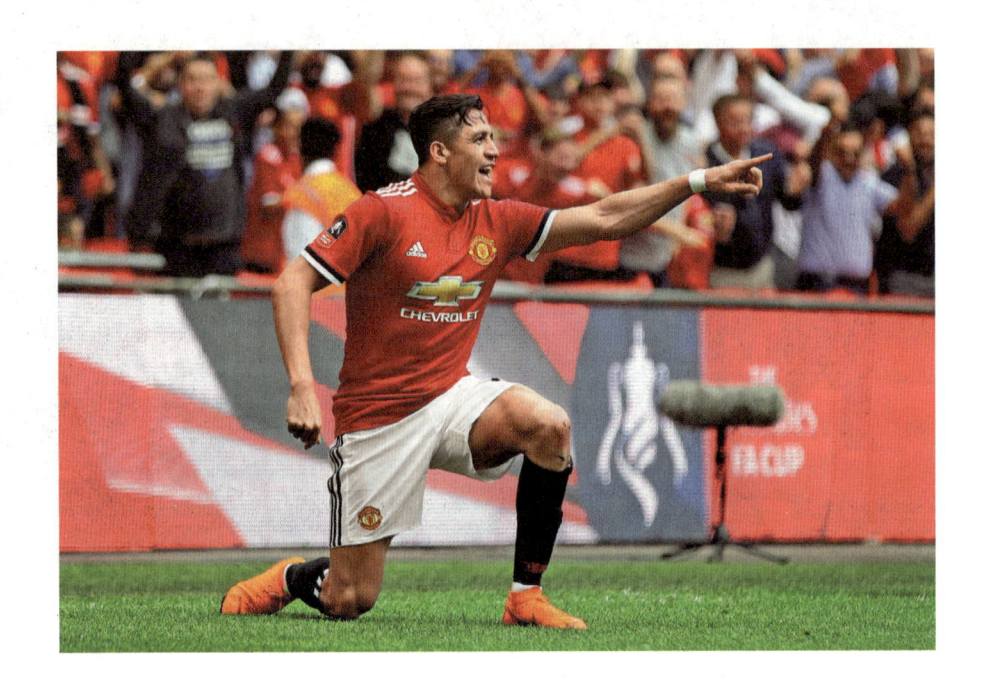

桑切斯曾是阿森纳队的"超级大腿"，这笔交易在当时引起巨大轰动，但最终以彻头彻尾的失败而告终。他的加盟为日后球队内部的混乱埋下了伏笔，球员本人也始终没有融入穆里尼奥的战术打法当中，发挥相当糟糕。

最终，曼联队结束了一个虎头蛇尾的赛季，只获得了一个打破英超冠亚军积分差距历史纪录（19分）的联赛亚军。但这已经是弗格森退休之后，曼联队在英超的最高排名了。

后来，穆里尼奥说过："我认为我的执教生涯中最大的成就之一，就是和曼联队一起在英超中获得亚军。你可能会说这家伙疯了，他赢得过25个冠军，但是他

03 穆里尼奥，遗恨"梦剧场"

说一个第二名是他执教生涯中最好的成绩之一。我会一直这么说的，因为人们不知道幕后发生了什么。有时在镜头的另一边，我们会用不同的视角分析事情。"

第一个赛季"小三冠"，第二个赛季英超亚军，穆里尼奥似乎确实在带领曼联队走向复兴，但是他的这一番话，显然是话里有话。

一方面，穆里尼奥认为以首席执行官伍德沃德为首的球队高层在转会市场上没有给予他有力的支持。尤其是2018年的夏季转会窗口，他递交了包括哈里·马奎尔、卡利杜·库利巴利、热罗姆·博阿滕、托比·阿尔德韦雷尔德、伊万·佩里西奇在内的转会名单，但最终只迎来弗雷德与迪奥戈·达洛特。

另一方面，因为纪律问题，博格巴和穆里尼奥之间爆发激烈矛盾，而曼联队的高层选择站在博格巴这一边，令主教练的权威丧失殆尽，穆里尼奥感到不满和失望。

于是2018—2019赛季，曼联队的战绩一路下滑，布莱顿队、热刺队、西汉姆联队、曼城队都来给穆里尼奥的伤口撒上一把盐。直到2018年12月16日，曼联队在客场1比3不敌利物浦队之后，穆里尼奥被解雇了，所谓的"穆三年"魔咒延续了。

从那之后，无论是执教其他球队，还是当评论员，每一次穆里尼奥接受媒体采访提到曼联队时，人们总能从他的话里听出他的不甘，双方未能携手铸就辉煌，确实是一件憾事。

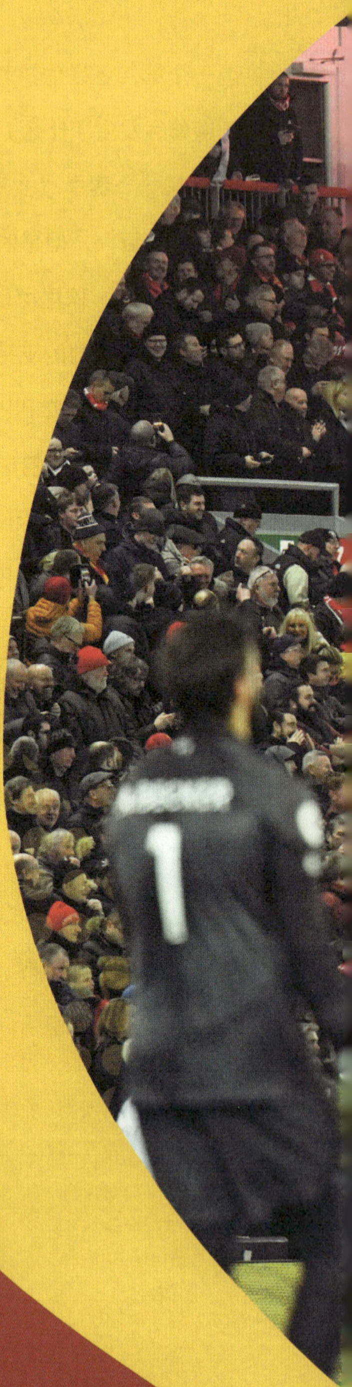

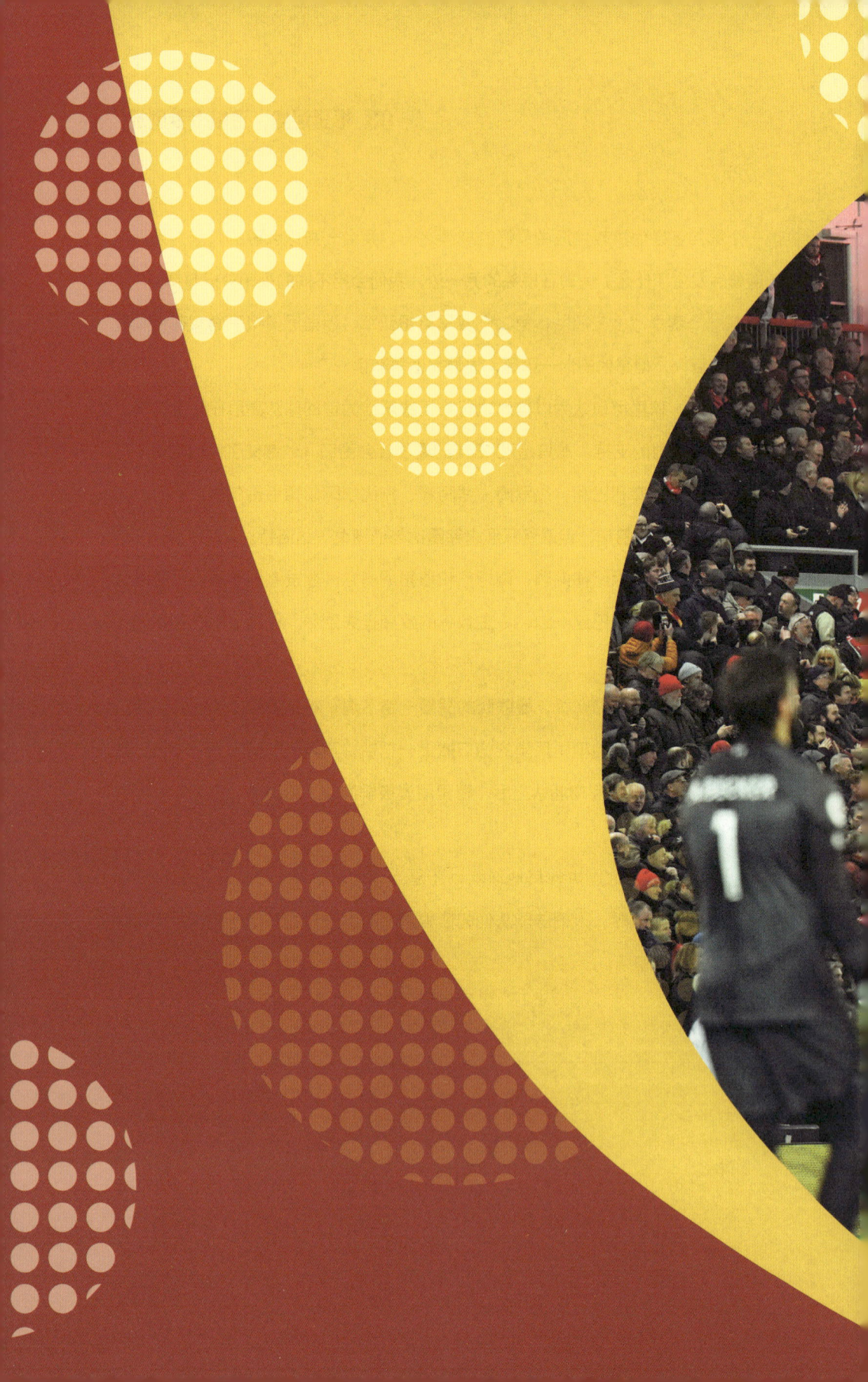

第十章

困顿十年：
从索尔斯克亚到滕哈赫

从巴斯比到弗格森，曼联队用了26年才再次夺得顶级联赛冠军，那么从弗格森到下一位冠军主帅，已经等了十多年的"红魔"，还需要再等多久呢？

01

临危受命，索帅"真红魔"

无论索尔斯克亚执教的表现和成绩如何，他对曼联队的拳拳之忱，是毋庸置疑的，他对曼联队的热爱与忠诚，是不可比拟的。

01 临危受命，索帅"真红魔"

穆里尼奥下课之后，曼联队的方案是先聘请一位临时主帅，此时，"娃娃脸杀手"索尔斯克亚挺身而出，正在挪威球队莫尔德队执教的他，义无反顾地选择重返"梦剧场"，在三天之后成为"救火队员"。

俗话说"换帅如换刀"，索尔斯克亚很快就扭转颓势，首秀便率领球队在客场5比1大胜卡迪夫城队，紧接着就是在各项赛事取得8连胜！

执教曼联队的前17场正式比赛，索尔斯克亚只输掉一场，那便是欧冠1/8决赛第一回合主场0比2负于巴黎圣日耳曼队，但他第二回合就回敬了对手一个3比1，完成惊天大逆转，率队晋级欧冠八强！这一场逆转之战，让曼联队的球迷想起了1999年的欧冠决赛，想起了索尔斯克亚的恩师弗格森爵士。

凭借前19场比赛拿下14场胜利的辉煌成绩，索尔斯克亚于2019年3月28日成为曼联队的正式主帅，双方签下一份为期三年的合同。当时几乎所有的"红魔"拥趸都相信，这位拥有曼联队基因的挪威人，就是人们期盼已久的弗格森的真正接班人，他将为曼联队夺回阔别已久的英超冠军。

然而在索尔斯克亚转正之后，球队的成绩却一落千丈：赛季的最后10场比赛竟然只有2胜；欧冠1/4决赛被巴萨队"双杀"淘汰；英超最后6场比赛2平3负仅取1胜，最终仅列第六，未能获得欧冠资格。

2019—2020赛季，曼联队为满足索尔斯克亚的战术需要，在夏季转会窗口签下了当初硬是不让穆里尼奥引进的马奎尔，还在冬季转会窗口引进了布鲁诺·费尔南德斯。但遗憾的是，索尔斯克亚的执教能力确实难以与曼城队的瓜迪

第十章 困顿十年：从索尔斯克亚到滕哈赫

奥拉、利物浦队的尤尔根·克洛普相匹敌，曼联队早早就被两大豪门球队甩在身后，最终获得英超季军。

更糟糕的是，就连好运也抛弃了一贯受到眷顾的索尔斯克亚，曼联队连续折戟联赛杯半决赛、足总杯半决赛和欧联半决赛，杯赛"三冠王"的美梦提前破碎。

2020—2021赛季，索尔斯克亚再一次让曼联队的拥趸失望了：欧冠小组赛出局、联赛杯止步半决赛、欧联决赛点球大战不敌比利亚雷亚尔队屈居亚军！所幸，切尔西队经历换帅，利物浦队遭遇严重伤病，让曼联队最终"捡"到一个英超亚军，挪威人也再次保住了帅位。

到了2021年夏天，曼联队砸出超过1亿英镑的重金来引援，杰登·桑乔、拉斐尔·瓦拉内先后加盟，但最重磅的，还是C罗的回归。弗格森亲自发出邀请，"离家的孩子"时隔12年重回"梦剧场"，"传奇7号"王者归来，这样的戏码赚足了全世界球迷的眼球。

01 临危受命，索帅"真红魔"

事实证明，C罗"廉颇未老"，依然很能打，他在2021—2022赛季的英超中打入18球，各项赛事共计打入24球，是队内射手王，而且他频繁用进球拯救球队，如果没有他在，曼联队将再次欧冠小组赛出局！

但是10月24日的"双红会"，让曼联队与其球迷"破防"了。那场比赛，曼联队0比5惨败给利物浦队，C罗失去理智地连踢柯蒂斯·琼斯三脚，博格巴替补登场严重犯规，被红牌罚下，在老特拉福德球场看球的弗格森爵士被气得脸都绿了。

在弗格森的力挺下，索尔斯克亚并没有因为这场惨败而被立即解雇，但接下来0比2曼城队、1比4沃特福德队的成绩，让曼联队高层不得不做出选择。最终，2021年11月21日，索尔斯克亚被提前解约，结束了这段长达1068天的执教旅程，曼联队的另一位传奇卡里克成为临时主教练。

无论索尔斯克亚执教的表现和成绩如何，他对曼联队的拳拳之忱，是毋庸置疑的，他对曼联队的热爱与忠诚，是不可比拟的。所以哪怕被解雇，"娃娃脸杀手"在所有拥趸心中，依然是一位真正的"红魔"。

02

朗尼克，闹剧一场

还没等曼联队炒了朗尼克，朗尼克先炒了曼联队！

02 朗尼克，闹剧一场

吸取了索尔斯克亚的教训，曼联队并没有让卡里克转正，而是选择了有"德国足球教父"之称的拉尔夫·朗尼克。

朗尼克的技战术打法影响了克洛普、托马斯·图赫尔等一大批德国教练，而他本人对球队的经营与管理更为熟悉。因此，格雷泽家族聘请他担任临时主帅直到2021—2022赛季结束，接下来的两年，他将担任球队的顾问，协助球队重建。

然而事实证明，朗尼克做的还不如索尔斯克亚。从2022年3月初的曼彻斯特

第十章 困顿十年：从索尔斯克亚到滕哈赫

德比，到4月下旬对阵阿森纳队，曼联队遭遇了史无前例的客场4连败。在球队管理方面，他既不像索尔斯克亚那样平易近人，也没有足够的履历镇住队内大牌球星。

就像C罗日后接受英国电视节目主持人皮尔斯·摩根采访时说的那样："曼联队解雇了索尔斯克亚之后，聘请了一名体育总监，这是没人能够理解的事情。这个人甚至连教练都不是，一支像曼联队这么大的球队，竟然聘请一名体育总监当教练，这不仅让我惊讶，也震惊了全世界。如果你连教练都不是，你如何能够胜任曼联队教练的工作？在内心深处，我从不把他看作老板，他的一些观点我从来都不认同。"

最终，曼联队仅仅获得英超第六，无缘欧冠，58分的积分也创造了球队在英超的单赛季最低积分纪录。此外，朗尼克在英超的胜率只有41.7%，是英超时代曼联队所有主帅里最低的，而且他是唯一不满50%的主帅。

还没等曼联队炒了朗尼克，朗尼克先炒了曼联队！2022年4月29日，朗尼克宣布将执教奥地利队，兼任曼联队的顾问。5月29日，曼联队官方宣布，朗尼克不再担任球队顾问一职。至此，这场天大的闹剧才正式结束。

03

十年无冠，
滕哈赫也非真命天子

仿佛魔咒一般，在弗格森退休之后，曼联队再一次品尝到了巴斯比退休之后的痛苦与折磨，以及漫长的等待。

第十章 困顿十年:从索尔斯克亚到滕哈赫

曼联队在选择下一任主帅时,也参考了朗尼克的意见,最终选定了荷兰豪门阿贾克斯队的主帅埃里克·滕哈赫。

滕哈赫被誉为"小瓜迪奥拉",推崇攻势足球,曼联队自然希望他能像瓜迪奥拉在曼城队做到的那样,给曼联队带来彻底的改变。

03 十年无冠，滕哈赫也非真命天子

然而滕哈赫上任之后面临的第一个难题，就是C罗。因为龙凤胎中的儿子夭折，C罗缺席了2022年夏天的季前训练，同时他的经纪人门德斯也在酝酿着转会。虽然这位葡萄牙巨星最终还是留了下来，但是出乎意料的是，滕哈赫让他担任替补，这彻底惹恼了C罗。

2022年10月19日，曼联队2比0战胜热刺队。C罗拒绝在比赛最后阶段替补出场，并且提前走回球员通道，这一举动引起轩然大波。随后，他被球队处以停赛、停训、罚款的处罚。

11月13日，C罗在接受皮尔斯·摩根的专访时炮轰曼联队和滕哈赫对他缺乏尊重。当被问及是否被曼联队强迫离队时，C罗斩钉截铁地回答道："是的，不仅是主教练，还有两三个球队管理层的人。我感觉自己遭到了背叛。而且我认为一些人去年就想让我走了。"

这次采访，导致C罗与曼联队彻底决裂。11月22日，曼联队官方宣布，葡萄牙球星克里斯蒂亚诺·罗纳尔多在与球队协商达成一致后，正式离开曼联队。

C罗的第二段"红魔"之旅，以彻头彻尾的失败告终。而葡萄牙队在卡塔尔世界杯止步八强之后，C罗选择离开欧洲足坛，前往沙特阿拉伯，加盟利雅得胜利队。

C罗走了，滕哈赫的位置稳了。2023年2月26日，他率领曼联队在联赛杯决赛中2比0击败纽卡斯尔联队，赢得联赛杯冠军，这也是过去六年来曼联队的第一座冠军奖杯。

然而夺冠之后的第一场比赛，曼联队就在安菲尔德球场输了一个0比7，沦为利物浦队球迷的笑柄。这是"红魔"历史上的最惨败仗，也是球队自1931年以来第一次单场比赛丢7球！

第十章 困顿十年：从索尔斯克亚到滕哈赫

　　最终，曼联队在2022—2023赛季获得英超季军，拿到欧冠门票，同时闯入了足总杯决赛，可惜1比2不敌曼城队，未能加冕"双冠王"。总体来说，滕哈赫执教曼联队的第一个赛季还是比较让人满意的，但是，曼联队已经十年无缘英超冠军了！

　　2023—2024赛季，曼联队内部发生了重大变革。

　　早在2022年11月，格雷泽家族就宣布考虑出售曼联队，而主要的买家和竞争对手，是卡塔尔王室成员贾西姆领衔的财团和英国化工大王詹姆斯·拉特克利夫爵士的英力士集团。

　　卡塔尔财团希望收购曼联队的全部股份，让格雷泽家族彻底离开，而拉特克利夫爵士愿意让格雷泽家族留在球队。经过13个月的漫长谈判，曼联队在2023年12月24日官方宣布，以拉特克利夫爵士为首的英力士集团以12.5亿英镑的价格收购了曼联队25%的股份。

　　2024年2月13日，英超官方宣布，已经批准了拉特克利夫爵士对曼联队股权

03 十年无冠，滕哈赫也非真命天子

的收购。2月21日，拉特克利夫爵士宣布，对曼联队25％股份的收购已经完成，并将全权负责足球事务。

不过，曼联队管理权的易主，并没有刺激到曼联队在球场上的成绩。欧冠小组赛，"红魔"垫底出局，连欧联的参赛资格都没捞到；联赛杯止步第四轮，英超也早早无缘前四，最终竟然排名第八，曼联队不仅无缘下赛季的欧战，还创造了英超时代队史单赛季联赛排名新低！

所幸，在足总杯决赛上，曼联队凭借两名小将亚历杭德罗·加纳乔和科比·梅努的进球，以2比1的比分击败了曼城队，夺得了这个赛季仅有的一座冠军奖杯，这也是滕哈赫执教曼联队两年来的第二座冠军奖杯。

仿佛魔咒一般，在弗格森退休之后，曼联队再一次品尝到了巴斯比退休之后的痛苦与折磨，以及漫长的等待。从巴斯比到弗格森，曼联队用了26年才再次夺得顶级联赛冠军，那么从弗格森到下一位冠军主帅，已经等了十多年的"红魔"，还需要再等多久呢？

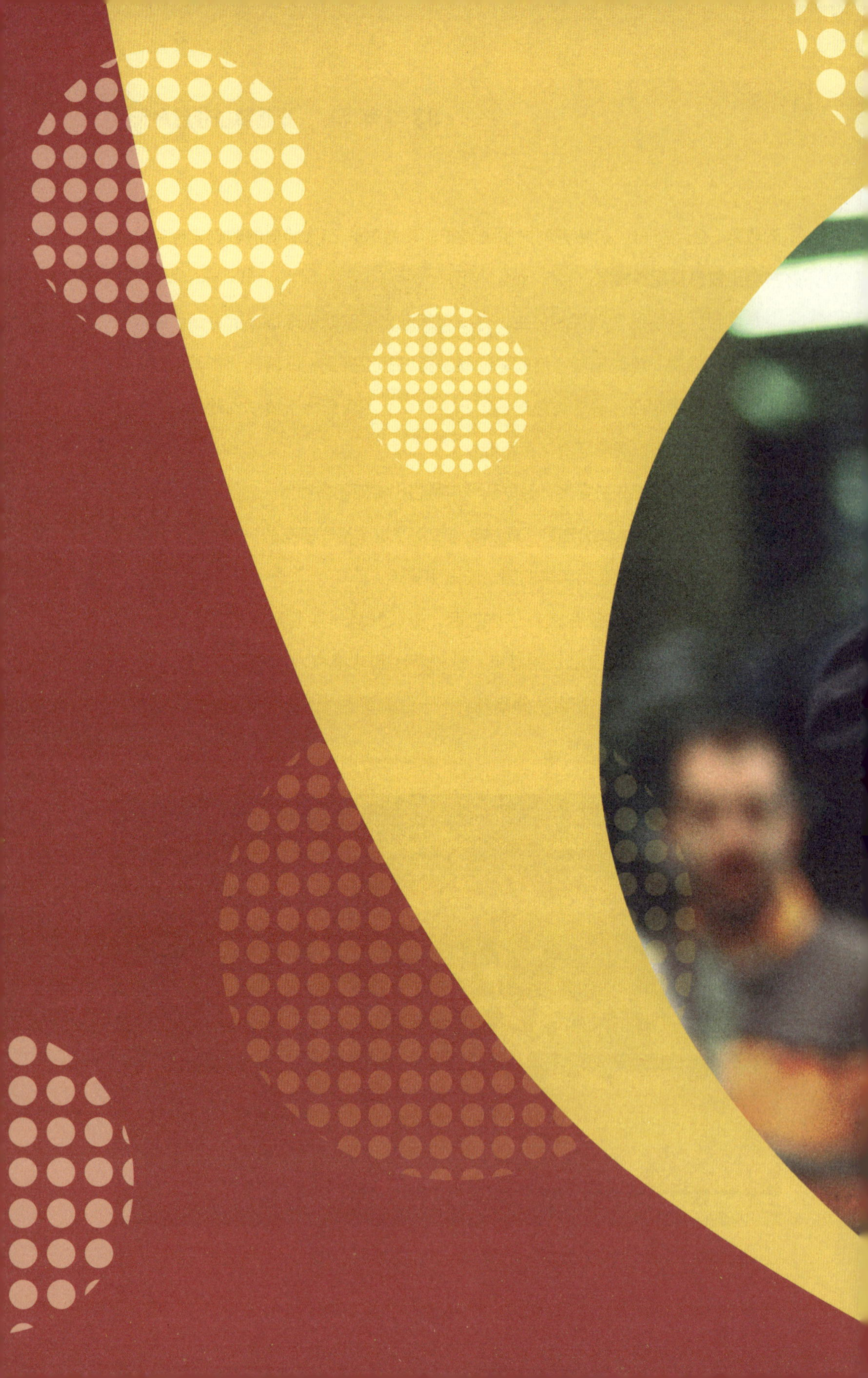

荣耀殿堂

对于任何一支球队来说，在浩瀚的历史长河中，都会有很多荣耀诞生。传奇球星、经典比赛、辉煌时刻……这些荣耀，是球迷津津乐道的话题，也是难以忘怀的回忆。

50大球星

1 博比·查尔顿爵士

出生日期：1937年10月11日

效力年份：1956—1973

主要球衣号码：10号、9号、11号、8号

数据：758场249球

球队荣誉：1次欧冠冠军、3次英甲冠军、1次足总杯冠军、2次慈善盾杯冠军

个人荣誉：1次金球奖

2 丹尼斯·劳

出生日期：1940年2月24日

效力年份：1962—1973

主要球衣号码：10号、8号、12号、7号、11号

数据：404场237球

球队荣誉：1次欧冠冠军、2次英甲冠军、1次足总杯冠军、2次慈善盾杯冠军

个人荣誉：1次金球奖、1次欧冠金靴奖

3 乔治·贝斯特

出生日期：1946年5月22日

效力年份：1963—1974

主要球衣号码：11号、7号、10号、8号

数据：470场179球

球队荣誉：1次欧冠冠军、2次英甲冠军、1次足总杯冠军、2次慈善盾杯冠军

个人荣誉：1次金球奖、1次英甲金靴奖

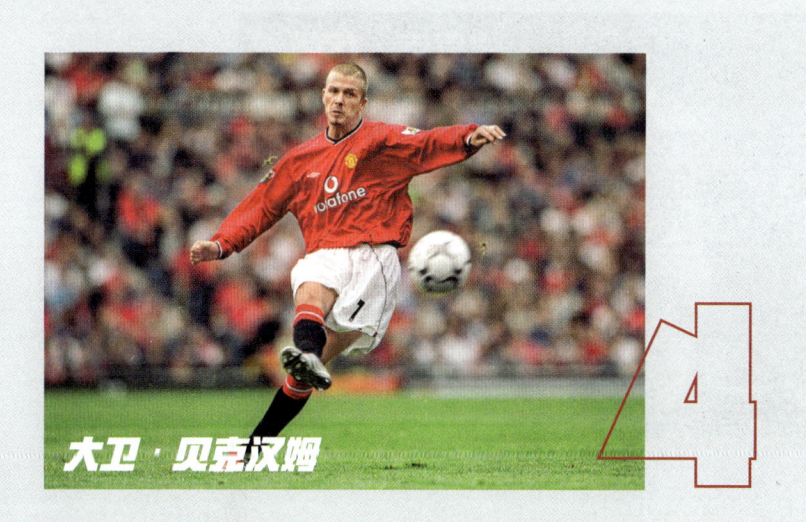

4 大卫·贝克汉姆

出生日期：1975年5月2日

效力年份：1992—2003

主要球衣号码：28号、15号、10号、24号、7号

数据：394场85球

球队荣誉：1次欧冠冠军、6次英超冠军、2次足总杯冠军、4次慈善盾杯冠军、1次丰田杯冠军

个人荣誉：3次英超助攻王

199

50大球星

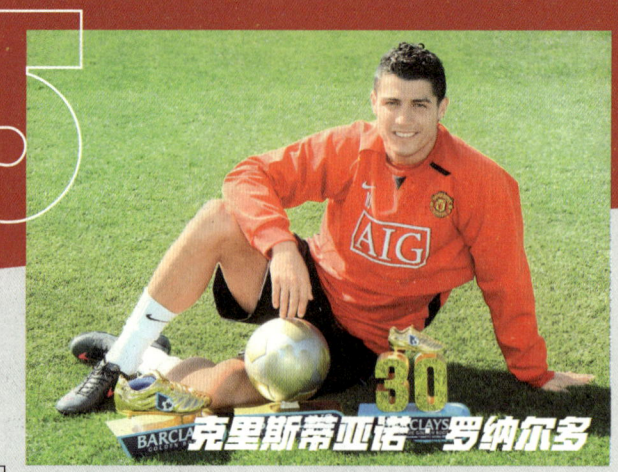

5 克里斯蒂亚诺·罗纳尔多

出生日期：1985年2月5日

效力年份：2003—2009、2021—2022

主要球衣号码：7号

数据：346场145球

球队荣誉：1次欧冠冠军、3次英超冠军、1次足总杯冠军、2次联赛杯冠军、1次社区盾杯冠军、1次世俱杯冠军

个人荣誉：1次金球奖、1次世界足球先生、1次欧洲金靴奖、1次欧冠金靴奖、1次英超金靴奖、2次英超赛季最佳球员

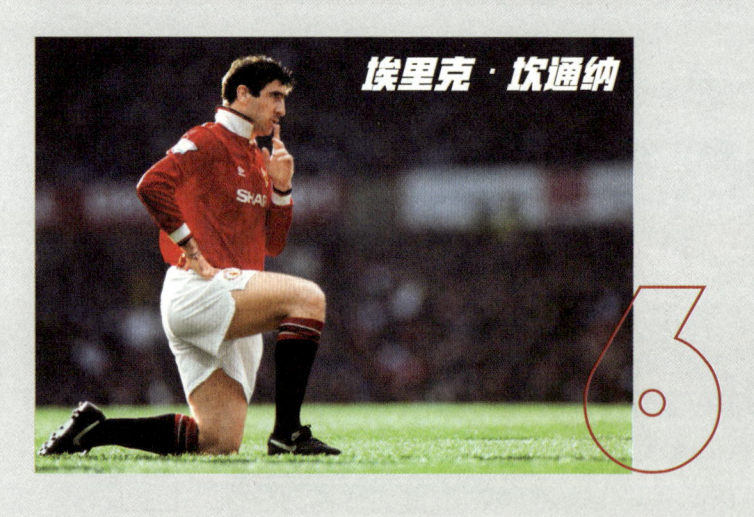

6 埃里克·坎通纳

出生日期：1966年5月24日

效力年份：1992—1997

主要球衣号码：7号

数据：182场82球

球队荣誉：4次英超冠军、2次足总杯冠军、3次慈善盾杯冠军

个人荣誉：2次英超助攻王

瑞恩·吉格斯

出生日期：1973年11月29日

效力年份：1991—2014

主要球衣号码：14号、11号

数据：963场168球

球队荣誉：2次欧冠冠军、13次英超冠军、4次足总杯冠军、4次联赛杯冠军、9次社区盾杯（慈善盾杯）冠军、1次欧洲超级杯冠军、1次丰田杯冠军、1次世俱杯冠军

个人荣誉：1次金足奖

韦恩·鲁尼

出生日期：1985年10月24日

效力年份：2004—2017

主要球衣号码：8号、10号

数据：559场253球

球队荣誉：1次欧冠冠军、5次英超冠军、1次足总杯冠军、4次联赛杯冠军、4次社区盾杯冠军、1次欧联冠军、1次世俱杯冠军

个人荣誉：1次英超赛季最佳球员、1次英超助攻王

50大球星

保罗·斯科尔斯

出生日期：1974年11月16日

效力年份：1992—2013

主要球衣号码：24号、22号、18号

数据：718场155球

球队荣誉：2次欧冠冠军、11次英超冠军、4次足总杯冠军、2次联赛杯冠军、5次社区盾杯（慈善盾杯）冠军、1次丰田杯冠军、1次世俱杯冠军

加里·内维尔

出生日期：1975年2月18日

效力年份：1992—2011

主要球衣号码：27号、14号、16号、2号

数据：602场7球

球队荣誉：2次欧冠冠军、8次英超冠军、3次足总杯冠军、3次联赛杯冠军、3次社区盾杯（慈善盾杯）冠军、1次丰田杯冠军、1次世俱杯冠军

罗伊·基恩

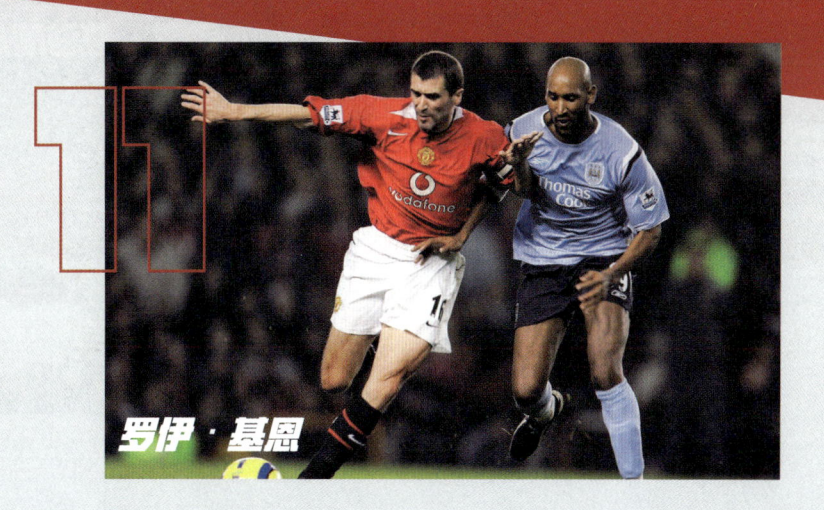

出生日期：1971年8月10日

效力年份：1993—2006

主要球衣号码：16号

数据：480场51球

球队荣誉：1次欧冠冠军、7次英超冠军、4次足总杯冠军、4次社区盾杯（慈善盾杯）冠军、1次丰田杯冠军

奥勒·居纳尔·索尔斯克亚

出生日期：1973年2月26日

效力年份：1996—2007

主要球衣号码：20号

数据：366场126球

球队荣誉：1次欧冠冠军、6次英超冠军、2次足总杯冠军、2次社区盾杯（慈善盾杯）冠军、1次丰田杯冠军

50大球星

里奥·费迪南德

13

出生日期：1978年11月7日

效力年份：2002—2014

主要球衣号码：6号、5号

数据：455场8球

球队荣誉：1次欧冠冠军、6次英超冠军、3次联赛杯冠军、4次社区盾杯冠军、1次世俱杯冠军

邓肯·爱德华兹

14

出生日期：1936年10月1日

效力年份：1953—1958

主要球衣号码：6号、10号、9号

数据：177场21球

球队荣誉：2次英甲冠军、2次慈善盾杯冠军

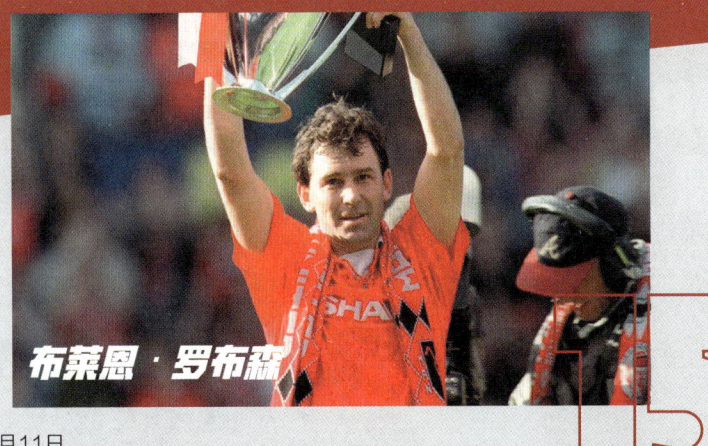

15 布莱恩·罗布森

出生日期：1957年1月11日

效力年份：1981—1994

主要球衣号码：7号、12号

数据：461场99球

球队荣誉：2次英超冠军、3次足总杯冠军、1次联赛杯冠军、2次慈善盾杯冠军、1次欧洲优胜者杯冠军

16 彼得·舒梅切尔

出生日期：1963年11月18日

效力年份：1991—1999

主要球衣号码：1号

数据：398场1球

球队荣誉：1次欧冠冠军、5次英超冠军、3次足总杯冠军、1次联赛杯冠军、4次慈善盾杯冠军、1次欧洲超级杯冠军

个人荣誉：1次英超赛季最佳球员

50大球星

鲁德·范尼斯特鲁伊 17

出生日期：1976年7月1日

效力年份：2001—2006

主要球衣号码：10号

数据：219场150球

球队荣誉：1次英超冠军、1次足总杯冠军、1次联赛杯冠军、1次社区盾杯冠军

个人荣誉：3次欧冠金靴奖、1次英超金靴奖、1次英超赛季最佳球员

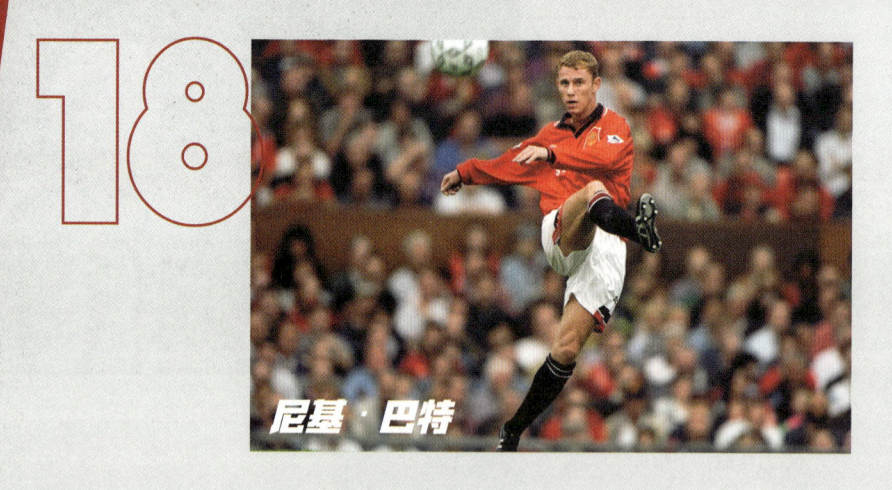

18 尼基·巴特

出生日期：1975年1月21日

效力年份：1992—2004

主要球衣号码：19号、16号、14号、8号

数据：387场26球

球队荣誉：1次欧冠冠军、8次英超冠军、3次足总杯冠军、4次社区盾杯（慈善盾杯）冠军、1次丰田杯冠军

19 大卫·德赫亚

出生日期：1990年11月7日

效力年份：2011—2023

主要球衣号码：1号

数据：545场

球队荣誉：1次英超冠军、1次足总杯冠军、2次联赛杯冠军、3次社区盾杯冠军、1次欧联冠军

个人荣誉：2次英超金手套奖

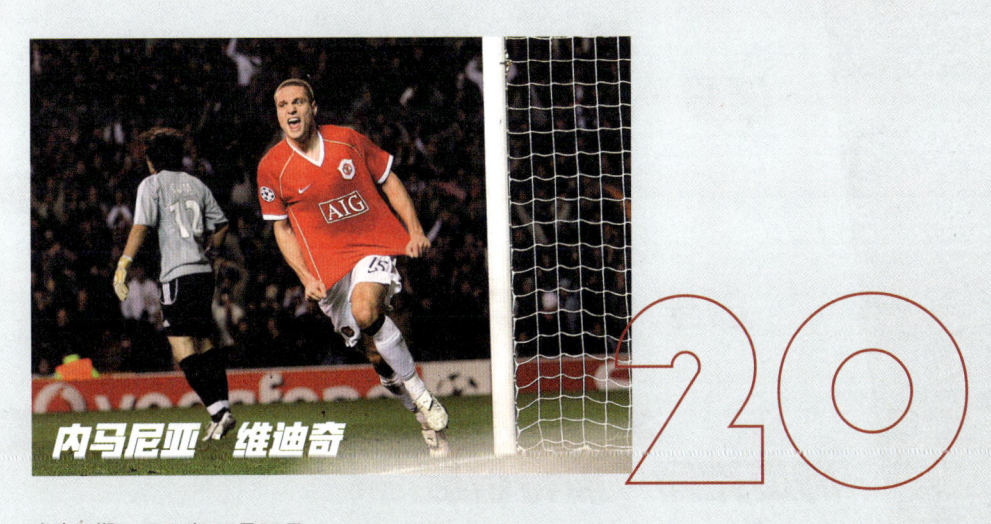

20 内马尼亚·维迪奇

出生日期：1981年10月21日

效力年份：2006—2014

主要球衣号码：15号

数据：300场21球

球队荣誉：1次欧冠冠军、5次英超冠军、3次联赛杯冠军、5次社区盾杯冠军、1次世俱杯冠军

个人荣誉：2次英超赛季最佳球员

50大球星

21
罗杰·拜恩

22
汤米·泰勒

23
丹尼斯·埃尔文

24
比尔·福尔克斯

25
杰克·劳利

26
丹尼斯·维奥莱特

27
马丁·巴肯

28
史蒂夫·布鲁斯

29
诺曼·怀特塞德

30
诺比·斯蒂尔斯

31
加里·帕里斯特

32
埃德温·范德萨

33
阿历克斯·斯特普尼

34
安迪·科尔

35
萨米·麦克罗伊

36
迈克尔·卡里克

37
亚瑟·阿尔比斯通

38
布莱恩·麦克莱尔

39
布莱恩·基德

40
约翰尼·卡雷

41
比利·梅雷迪斯

42
德怀特·约克

43
保罗·因斯

44
雅普·斯塔姆

45
帕迪·克雷兰德

46
哈里·格雷格

47
斯坦·皮尔森

48
乔治·沃尔

49
泰迪·谢林汉姆

50
大卫·赫德

队史最佳阵容

主力阵容
（"442"阵形）

门将：彼得·舒梅切尔
后卫：加里·内维尔、里奥·费迪南德、内马尼亚·维迪奇、帕特里斯·埃弗拉
中场：瑞恩·吉格斯、保罗·斯科尔斯、博比·查尔顿爵士、克里斯蒂亚诺·罗纳尔多
前锋：埃里克·坎通纳、韦恩·鲁尼

替补阵容
（"442"阵形）

门将：埃德温·范德萨
后卫：韦斯·布朗、雅普·斯塔姆、加里·帕里斯特、丹尼斯·埃尔文
中场：大卫·贝克汉姆、布莱恩·罗布森、罗伊·基恩、乔治·贝斯特
前锋：丹尼斯·劳、奥勒·居纳尔·索尔斯克亚

历届英超积分排名

赛季	总场数	胜场数	平局场数	负场数	积分	排名
1992—1993	42	24	12	6	84	1
1993—1994	42	27	11	4	92	1
1994—1995	42	26	10	6	88	2
1995—1996	38	25	7	6	82	1
1996—1997	38	21	12	5	75	1
1997—1998	38	23	8	7	77	2
1998—1999	38	22	13	3	79	1
1999—2000	38	28	7	3	91	1
2000—2001	38	24	8	6	80	1
2001—2002	38	24	5	9	77	3
2002—2003	38	25	8	5	83	1
2003—2004	38	23	6	9	75	3
2004—2005	38	22	11	5	77	3
2005—2006	38	25	8	5	83	2
2006—2007	38	28	5	5	89	1
2007—2008	38	27	6	5	87	1
2008—2009	38	28	6	4	90	1
2009—2010	38	27	4	7	85	2
2010—2011	38	23	11	4	80	1
2011—2012	38	28	5	5	89	2
2012—2013	38	28	5	5	89	1
2013—2014	38	19	7	12	64	7
2014—2015	38	20	10	8	70	4
2015—2016	38	19	9	10	66	5
2016—2017	38	18	15	5	69	6
2017—2018	38	25	6	7	81	2
2018—2019	38	19	9	10	66	6
2019—2020	38	18	12	8	66	3
2020—2021	38	21	11	6	74	2
2021—2022	38	16	10	12	58	6
2022—2023	38	23	6	9	75	3
2023—2024	38	18	6	14	60	8

截至 2023—2024 赛季结束

冠军荣誉

本土赛事

顶级联赛冠军（20个）：

英甲（7个）：1907—1908赛季、1910—1911赛季、1951—1952赛季、1955—1956赛季、1956—1957赛季、1964—1965赛季、1966—1967赛季。

英超（13个）：1992—1993赛季、1993—1994赛季、1995—1996赛季、1996—1997赛季、1998—1999赛季、1999—2000赛季、2000—2001赛季、2002—2003赛季、2006—2007赛季、2007—2008赛季、2008—2009赛季、2010—2011赛季、2012—2013赛季。

足总杯（13个）：1908—1909赛季、1947—1948赛季、1962—1963赛季、1976—1977赛季、1982—1983赛季、1984—1985赛季、1989—1990赛季、1993—1994赛季、1995—1996赛季、1998—1999赛季、2003—2004赛季、2015—2016赛季、2023—2024赛季。

联赛杯（6个）：1991—1992赛季、2005—2006赛季、2008—2009赛季、2009—2010赛季、2016—2017赛季、2022—2023赛季。

社区盾杯（含慈善盾杯，21个）：1908年、1911年、1952年、1956年、1957年、1965年*、1967年*、1977年*、1983年、1990年*、1993年、1994年、1996年、1997年、2003年、2007年、2008年、2010年、2011年、2013年、2016年。

（标注*的为决赛双方共享冠军）

欧洲赛事

欧冠（3个）：1967—1968赛季、1998—1999赛季、2007—2008赛季。

欧联（1个）：2016—2017赛季。

欧洲优胜者杯（1个）：1990—1991赛季。

欧洲超级杯（1个）：1991年。

洲际赛事

丰田杯（1个）：1999年。

世俱杯（1个）：2008年。

纪录盘点

冠军纪录

1. 1907—1908赛季，获得队史首个英甲冠军。
2. 1908—1909赛季，获得队史首个足总杯冠军。
3. 1908年，获得队史首个慈善盾杯（社区盾杯）冠军。
4. 1967—1968赛季，获得队史首个欧冠冠军。
5. 1992—1993赛季，获得队史首个英超冠军，也是首届英超冠军。
6. 1993—1994赛季，获得队史首个英超、足总杯"双冠王"。
7. 2000—2001赛季，队史首次实现英超三连冠。
8. 1998—1999赛季，队史首次获得英超、足总杯、欧冠"三冠王"，也是欧洲足球五大联赛中首支加冕"三冠王"的球队。
9. 2012—2013赛季，获得队史第20个顶级联赛冠军，是英格兰足坛夺得顶级联赛冠军最多的球队。
10. 2016—2017赛季，获得队史首个欧联冠军，成为历史上第5支完成欧战全满贯的球队。

比分纪录

1. 最大比分赢球

1956年9月26日，欧冠，曼联队10比0安德莱赫特队。

1995年3月4日，英超，曼联队9比0伊普斯维奇队。

2021年2月2日，英超，曼联队9比0南安普顿队。

1949年2月12日，足总杯，曼联队8比0约维尔队。

2. 最大比分输球

1926年4月10日，英甲，曼联队0比7布莱克本流浪者队。

1930年12月27日，英甲，曼联队0比7阿斯顿维拉队。

1931年12月26日，英乙，曼联队0比7狼队。

2023年3月5日，英超，曼联队0比7利物浦队。

进球纪录

单赛季顶级联赛进球纪录： 103球（1956—1957赛季、1958—1959赛季）。

历史出场榜

排名	姓名	出场数
1	瑞恩·吉格斯	963
2	博比·查尔顿爵士	758
3	保罗·斯科尔斯	718
4	比尔·福尔克斯	688
5	加里·内维尔	602
6	韦恩·鲁尼	559
7	大卫·德赫亚*	545
8	阿列克斯·斯特尼	539
9	托尼·邓恩	535
10	丹尼斯·埃尔文	529
11	乔·斯宾塞	510
12	亚瑟·阿尔比斯通	485
13	罗伊·基恩	480
14	布莱恩·麦克莱尔	471
15	乔治·贝斯特	470
16	马克·休斯	467
17	迈克尔·卡里克	464
18	布莱恩·罗布森	461
19	马丁·巴肯	456
20	里奥·费迪南德	455

历史进球榜

排名	姓名	进球数
1	韦恩·鲁尼	253
2	博比·查尔顿爵士	249
3	丹尼斯·劳	237
4	杰克·洛雷	211
5	丹尼斯·维奥莱特	179
6	乔治·贝斯特	179
7	乔·斯宾塞	168
8	瑞恩·吉格斯	168
9	马克·休斯	163
10	保罗·斯科尔斯	155
10	鲁德·范尼斯特鲁伊	150
12	斯坦·皮尔森	148
13	大卫·赫德	145
14	克里斯蒂亚诺·罗纳尔多*	145
15	马库斯·拉什福德*	131
16	汤米·泰勒	131
17	布莱恩·麦克莱尔	127
18	奥勒·居纳尔·索尔斯克亚	126
19	安迪·科尔	121
20	桑迪·特恩布尔	101

注：本榜单仅取前 20 名，标注 * 的为现役球员。

数据截至 2023—2024 赛季结束

历任主帅及荣誉

主帅	任期	荣誉
阿尔弗雷德·阿尔布特	1889年—1900年	
詹姆斯·韦斯特	1900年—1903年	
厄内斯特·曼格纳尔	1903年10月10日—1912年9月9日	2次英甲冠军、1次足总杯冠军、2次慈善盾杯冠军
约翰·詹姆斯·本特利	1912年10月28日—1914年12月28日	
杰克·罗布森	1914年12月28日—1921年10月31日	
约翰·查普曼	1921年10月31日—1926年10月1日	
乔治·希尔迪奇	1926年10月1日—1927年4月1日	
赫伯特·巴姆莱特	1927年4月1日—1931年4月1日	
沃尔特·克里格默	1931年4月1日—1932年6月30日	
斯科特·邓肯	1932年7月1日—1937年6月30日	
沃尔特·克里格默	1937年11月9日—1945年2月15日	
马特·巴斯比爵士	1945年10月1日—1969年6月30日	1次欧冠冠军、5次英甲冠军、2次足总杯冠军、5次慈善盾杯冠军
吉米·墨菲	1958年2月7日—1958年6月30日	
威尔夫·麦金尼斯	1969年8月9日—1970年12月29日	
马特·巴斯比爵士	1970年12月29日—1971年6月8日	
弗兰克·奥法雷尔	1971年6月8日—1972年12月19日	
汤米·多切蒂	1972年12月22日—1977年7月4日	1次足总杯冠军
戴夫·塞克斯顿	1977年7月14日—1981年4月1日	1次慈善盾杯冠军
罗恩·阿特金森	1981年6月9日—1986年11月6日	2次足总杯冠军、1次慈善盾杯冠军
亚历克斯·弗格森爵士	1986年11月6日—2013年6月30日	2次欧冠冠军、1次欧洲优胜者杯冠军、1次欧洲超级杯冠军、1次丰田杯冠军、1次世俱杯冠军、13次英超冠军、5次足总杯冠军、4次联赛杯冠军、10次社区盾杯（慈善盾杯）冠军
大卫·莫耶斯	2013年7月1日—2014年4月22日	1次社区盾杯冠军
瑞恩·吉格斯	2014年4月23日—2014年6月30日	
路易斯·范加尔	2014年7月14日—2016年5月23日	1次足总杯冠军
若泽·穆里尼奥	2016年7月1日—2018年12月18日	1次欧联冠军、1次联赛杯冠军、1次社区盾杯冠军
奥勒·居纳尔·索尔斯克亚	2018年12月19日—2021年11月21日	
迈克尔·卡里克	2021年11月21日—2021年12月3日	
拉尔夫·朗尼克	2021年12月3日—2022年5月29日	
埃里克·滕哈赫	2022年7月1日开始	1次足总杯冠军、1次联赛杯冠军

历任队长（二战之后）

约翰尼·卡雷（1945—1953年）
斯坦·皮尔森（1953年）
阿伦比·奇尔顿（1953—1955年）
罗杰·拜恩（1955—1958年）
比尔·福尔克斯（1958—1959年）
丹尼斯·维奥莱特（1959—1960年）
莫里斯·塞特斯（1960—1962年）
诺埃尔·坎特维尔（1962—1967年）
丹尼斯·劳（1967—1968年）
博比·查尔顿爵士（1968—1973年）
乔治·格拉汉姆（1973—1974年）
威利·摩根（1974—1975年）
马丁·巴肯（1975—1982年）
布莱恩·罗布森（1982—1994年）
史蒂夫·布鲁斯（1994—1996年）
埃里克·坎通纳（1996—1997年）
罗伊·基恩（1997—2005年）
加里·内维尔（2005—2010年）
内马尼亚·维迪奇（2010—2014年）
韦恩·鲁尼（2014—2017年）
迈克尔·卡里克（2017—2018年）
安东尼奥·瓦伦西亚（2018—2019年）
阿什利·扬（2019—2020年）
哈里·马奎尔（2020—2023年）
布鲁诺·费尔南德斯（2023年开始）

历任主席（二战之后）

詹姆斯·威廉·吉布森（1931—1951年）
哈罗德·哈德曼（1951—1965年）
路易斯·爱德华兹（1965—1980年）
马丁·爱德华兹（1980—2002年）
罗伊·加德纳（2002—2005年）
阿夫拉姆·格雷泽与乔尔·格雷泽（2005年开始）

主场变迁

北路球场

北路球场靠近曼城斯特火车站北路，是曼联队前身牛顿希斯LYR队在1878—1893年的主场。最初，球场仅能容纳12000人观看比赛，1891年扩建后容量增加到15000人。

1880年11月20日，北路球场进行了有历史记录的首场比赛，牛顿希斯LYR队0比6被博尔顿预备队击败。

1883年10月27日，北路球场举行了第一场正式比赛，牛顿希斯LYR队在兰开夏杯首轮比赛中以2比7不敌对手。

银行街球场

1893年6月，牛顿希斯队开始使用银行街球场作为主场，该球场最初没有看台，但到1893—1894赛季开始时，已经建成两个看台供球迷观赛。

1893年9月1日，牛顿希斯队进行了在银行街球场的首场比赛，以3比2击败了伯恩利队。

1910年1月22日，已经更名为曼联队的牛顿希斯队进行了在银行街球场的最后一场比赛，以5比0击败了热刺队。

老特拉福德球场

被誉为"梦剧场"的老特拉福德球场始建于1908年，于1910年竣工，是曼联队目前正在使用的主场，经过多次扩建后容量达到了76000人。

老特拉福德球场拥有东西南北四个看台，南看台是以前的主看台，虽然只有一层看台，但拥有整个球场最多的包厢。2016年4月，老特拉福德球场的南看台被命名为"博比·查尔顿爵士看台"。

北看台是四个看台中容量最大的。1998年，曼联队博物馆由球场东南角搬至北看台。2011年，为了庆祝亚历克斯·弗格森爵士执教曼联队25周年，北看台被命名为"亚历克斯·弗格森爵士看台"。2012年11月23日，矗立在球场北门的弗格森爵士铜像正式揭幕。

西看台亦被称为"斯特雷特福德看台"，这里是曼联队死忠球迷的聚集地，也是整个球场助威声最为响亮的看台。西看台顶层摆放有丹尼斯·劳的铜像，以纪念这位被称为"斯特雷特福德看台之王"的曼联队传奇球员。

东看台虽名气不大，但外观举世闻名，人们经常在图片和视频中看到的老特拉福德球场的整面玻璃幕墙，就是东看台外侧。东看台又被称为"记分牌看台"，顾名思义，球场的记分牌就位于这个看台。看台外矗立着马特·巴斯比爵士的铜像，慕尼黑空难的纪念牌匾也悬挂于此，慕尼黑之钟则位于东看台与南看台的连接点。高高悬挂的慕尼黑之钟指针永远停在1958年2月6日下午3点零4分那个令人痛彻心扉的时刻。

队歌

曼联队共有4首队歌，分别是第一首 *Lift It High*（展翅高飞）、第二首 *Glory Glory Man United*（光荣属于曼联队）、第三首 *Sing Up For The Champions*（为冠军高歌）、第四首 *Come on you reds*（加油"红魔"）。

Glory Glory Man United（节选）
（光荣属于曼联队）

【双语歌词】

Glory glory Man United
光荣属于曼联队
Glory glory Man United
光荣属于曼联队
Glory glory Man United
光荣属于曼联队
As the reds go marching on on on
"红魔"勇往直前
Just like the Busby Babes in Days gone by
就像曾经那些巴斯比的孩子们一样
We'll keep the Red Flags flying high
我们要让"红魔"的旗帜高高地飞扬
You've got to see yourself from far and wide
你将随处亲眼目睹
You've got to hear the masses sing with pride
你将听到人们自豪的歌唱
United Man United
曼联队 曼联队
We're the boys in Red
我们是红色的少年
And we're on our way to Wembley
我们前进在通往温布利的路上
Wembley Wembley
温布利 温布利
We're the famous Man United
我们是伟大的曼联队
And we're going to Wembley
我们前进在通往温布利的路上
Wembley Wembley
温布利 温布利
We're the famous Man United
我们是伟大的曼联队
And we're going to Wembley
我们前进在通往温布利的路上
In Seventy-seven it was Docherty
多切蒂的球队在1977年成功登顶
Atkinson will make it Eighty-three
阿特金森夺得冠军是在1983年
And everyone will know just who we are
全人类都知道我们是谁
They'll be singing "Que Sera Sera"
所有人将唱一首"世事不可强求"
United Man United
曼联队 曼联队
We're the boys in Red
我们是红色的少年
And we're on our way to Wembley
我们前进在通往温布利的路上
Wembley Wembley
温布利 温布利
We're the famous Man United
我们是伟大的曼联队
And we're going to Wembley
我们前进在通往温布利的路上
……

联赛十大战役

1

2020—2021 赛季第 22 轮：曼联队 9 比 0 南安普顿队

在老特拉福德球场，曼联队9比0大胜南安普顿队，追平了英超历史上的最大比分取胜纪录，而且进球球员多达7名，除了马夏尔梅开二度，还有亚伦·万-比萨卡、拉什福德、埃丁森·卡瓦尼、斯科特·麦克托米奈、布鲁诺·费尔南德斯、丹尼尔·詹姆斯破门得分，另外拉什福德还造成对手乌龙球。

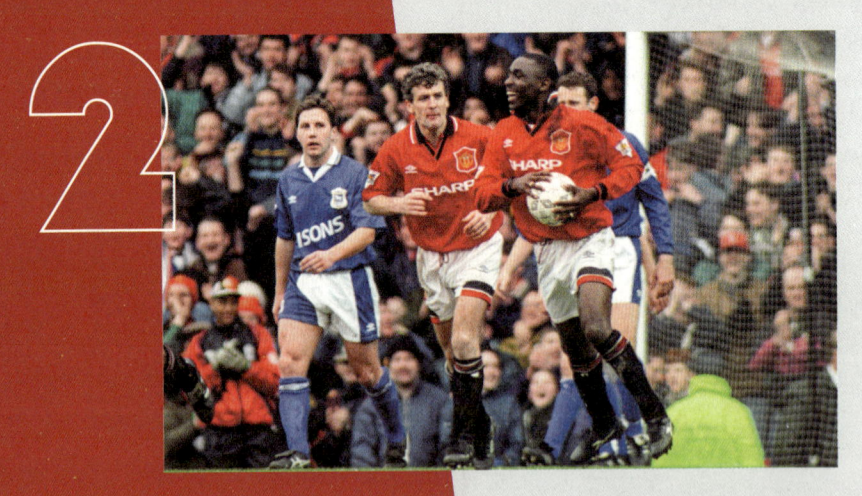

2

1994—1995 赛季第 30 轮：曼联队 9 比 0 伊普斯维奇队

还是在老特拉福德球场，还是9比0的比分，不同的是，这场比赛几乎是安迪·科尔一个人的舞台，因为他一人打入5球，上演"五子登科"！马克·休斯梅开二度，罗伊·基恩和保罗·因斯各入1球。

1998—1999 赛季第 24 轮：
曼联队 8 比 1 诺丁汉森林队

又是一场名垂青史的大胜，这场比赛的惊人之处在于，一位替补登场的球员一人打入4球。索尔斯克亚在第71分钟替补登场，当时的比分还是4比1，之后他在第80分钟、第87分钟、第91分钟和第93分钟分别打入一球，上演"大四喜"。

2009—2010 赛季第 6 轮：
曼联队 4 比 3 曼城队

这场在老特拉福德球场举行的曼彻斯特德比，曼联队依靠迈克尔·欧文在补时第6分钟打入的绝杀球4比3险胜。赛后，弗格森表示："这可能是最好的一场曼彻斯特德比。"在2012年5月揭晓的英超20年最佳比赛中，这场曼彻斯特德比以18%的得票率当选！

1992—1993 赛季第 38 轮：
曼联队 2 比 1 谢菲尔德星期三队

伤停补时第6分钟，史蒂夫·布鲁斯的头球破门帮助曼联队绝杀对手，从而提前锁定首届英超的冠军。弗格森在比赛最后阶段频繁看手表的动作，以及赛后声称比赛应该补时12分钟的言论，都成为其执教生涯中经典的镜头。

1995—1996 赛季第 29 轮：
曼联队 1 比 0 纽卡斯尔联队

这场巅峰对决被认为是英超历史上最重要的比赛之一。凭借着埃里克·坎通纳取得的全场唯一进球，曼联队击败了英超争冠对手，并最终在四年内三次夺得英超冠军。

联赛十大战役

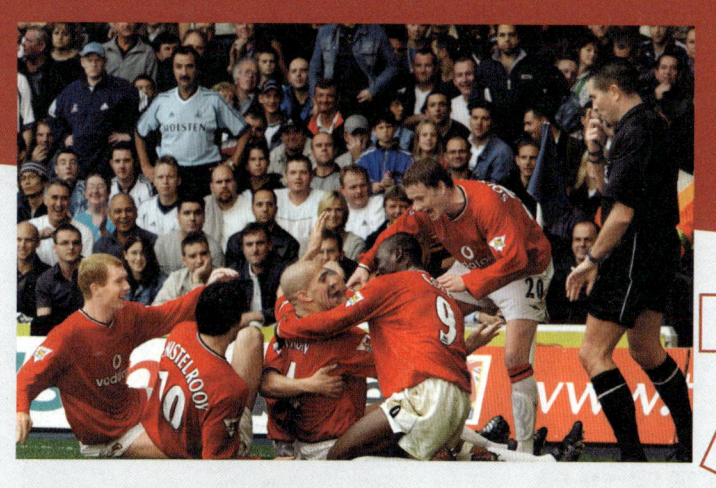

2001—2002 赛季第 8 轮：
曼联队 5 比 3 热刺队

弗格森在接受采访时曾将此役评为自己最喜欢的比赛之一。在白鹿巷球场，曼联队在上半场比赛结束时依然0比3落后，但下半场风云突变，安迪·科尔、布兰科、范尼、贝隆、贝克汉姆携手攻入5球，完成了匪夷所思的超级大逆转。

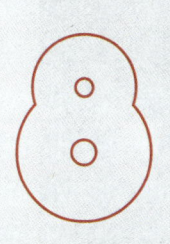

2010—2011 赛季第 36 轮：
曼联队 2 比 1 切尔西队

在联赛仅剩两轮的情况下，曼联队只需要再拿1分便可成功夺冠。最终，"红魔"在主场击败了切尔西队，夺得了球队历史上第19个顶级联赛冠军奖杯，一举超越利物浦队，成为夺得顶级联赛冠军次数最多的英格兰球队。

联赛十大战役

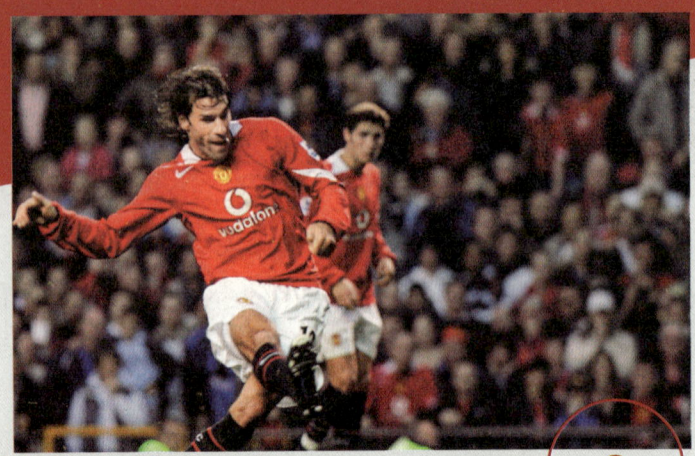

**2004—2005 赛季第 10 轮：
曼联队 2 比 0 阿森纳队**

在本场比赛之前，阿森纳队已经连续49场联赛不败，但是在老特拉福德球场，鲁尼制造点球，范尼主罚命中，帮助"红魔"取得领先，终场前，鲁尼破门得手，彻底锁定胜局，最终，曼联队2比0打破了阿森纳队的"不败金身"。

**1998—1999 赛季第 38 轮：
曼联队 2 比 1 热刺队**

曼联队只有赢球才能确保夺得联赛冠军，从而迈出走向三连冠的第一步。热刺队在第24分钟率先破门，关键时刻，贝克汉姆和安迪·科尔挺身而出，前者扳平比分，后者打入反超球，最终曼联队成功逆转。英超三连冠的第一冠到手，第二冠和第三冠也将随之而来。

欧洲赛事十大战役

1 1967—1968 赛季欧冠决赛：曼联队 4 比 1 本菲卡队

这是曼联队第一次进入欧冠决赛，恰逢慕尼黑空难发生十周年，在马特·巴斯比爵士的率领下，曼联队4比1击败本菲卡队，第一次问鼎欧冠，这也是英格兰球队第一次捧起欧冠的奖杯。

2 1990—1991 赛季欧洲优胜者杯决赛：曼联队 2 比 1 巴萨队

海瑟尔惨案发生后，英格兰球队被禁止参加欧洲赛事5年，禁赛结束后，曼联队作为1989—1990赛季的足总杯冠军，成为第一支出战欧洲赛事的英格兰球队。

面对实力强大的巴萨队，马克·休斯梅开二度，帮助球队夺得冠军，这是弗格森在曼联队夺得的首个欧洲赛事冠军，也是"红魔"历史上唯一的欧洲优胜者杯冠军。

欧洲赛事十大战役

3　1998—1999 赛季欧冠半决赛次回合：曼联队 3 比 2 尤文队

曼联队在都灵的阿尔卑球场打出了一场伟大的比赛。开场不久，尤文队就打入两球，两回合总比分3比1领先，但罗伊·基恩和德怀特·约克先后头球破门，将总比分扳平，安迪·科尔则通过反击进制胜球，"红魔"时隔31年又一次跻身欧冠决赛。

4　1998—1999 赛季欧冠决赛：曼联队 2 比 1 拜仁队

这是欧冠历史上最伟大的决赛之一。比赛开始前，曼联队已经将英超冠军和足总杯冠军提前收入囊中，距离"三冠王"仅一步之遥。巴斯勒在第6分钟的进球让拜仁队领先了几乎整场比赛，然而超级替补谢林汉姆和索尔斯克亚在最后时刻分别打入一球，最终帮助曼联队实现神奇逆转，成就"三冠王"伟业。

5

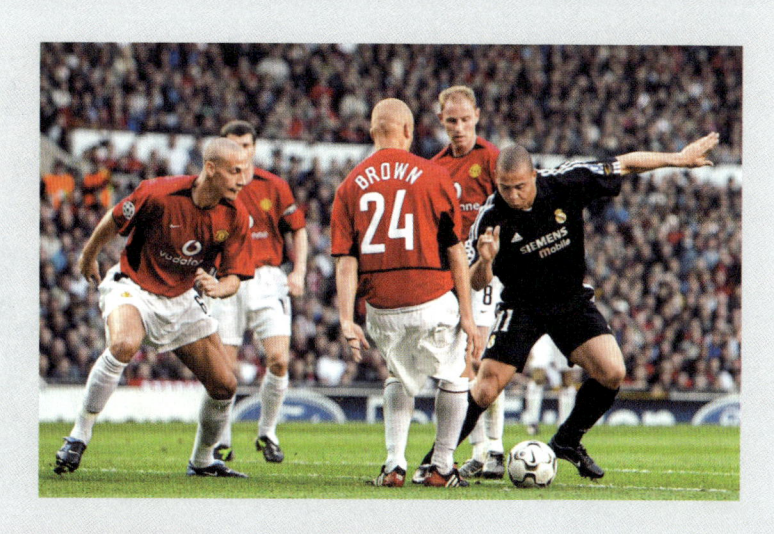

2002—2003 赛季欧冠 1/4 决赛次回合：
曼联队 4 比 3 皇马队

曼联队首回合以1比3告负，次回合坐镇老特拉福德球场，替补出场的贝克汉姆梅开二度，再加上范尼的进球以及伊万·埃尔格拉的乌龙球，让曼联队一度看到逆转的希望，可惜罗纳尔多上演了帽子戏法，最终皇马队总比分6比5将曼联队淘汰出局。无论如何，这也是欧冠历史上最经典的比赛之一。

6

2006—2007 赛季欧冠 1/4 决赛次回合：
曼联队 7 比 1 罗马队

双方的首回合比赛，曼联队1比2告负，但是次回合，弗格森的球队凭借卡里克、C罗的梅开二度以及鲁尼、阿兰·史密斯、埃弗拉的进球，7比1取胜，以8比3的总比分淘汰对手。

7 2007—2008 赛季欧冠半决赛次回合：曼联队 1 比 0 巴萨队

斯科尔斯因为停赛错过了1998—1999赛季的欧冠决赛，但2007—2008赛季的曼联队之所以能杀入欧冠决赛，正是因为斯科尔斯的关键进球。半决赛对阵巴萨队，斯科尔斯远射破门，成功阻止了对手的前进脚步。

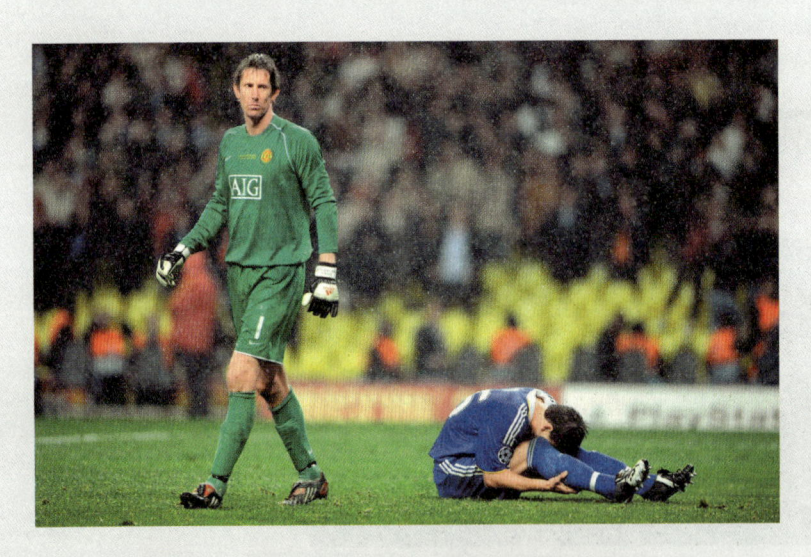

8 2007—2008 赛季欧冠决赛：曼联队 6 比 5 切尔西队

这场比赛是欧冠决赛历史上的首次英超内战。C罗先拔头筹，兰帕德追平比分，双方在120分钟内1比1战平，不得不在莫斯科卢日尼基体育场的滂沱大雨中进行点球大战。点球决战7轮，切赫先扑出了C罗的点球，但特里和阿内尔卡先后罚丢点球。最终，曼联队第3次夺得欧冠冠军。

欧洲赛事十大战役

9 2016—2017 赛季欧联决赛：
曼联队 2 比 0 阿贾克斯队

在穆里尼奥的率领下，曼联队首次杀入欧联决赛，凭借博格巴和姆希塔良各入一球，2比0轻取阿贾克斯队，成为历史上第5支完成欧战全满贯的球队。

10 2018—2019 赛季欧冠 1/8 决赛次回合：
曼联队 3 比 1 巴黎圣日耳曼队

当时曼联队的主教练是索尔斯克亚，球队首回合主场0比2输球确实算是他的败笔，但次回合做客巴黎王子公园球场，他的排兵布阵就像他球员时代的表现一样神奇。最终，卢卡库梅开二度，拉什福德在第94分钟打入绝杀点球，"红魔"3比1获胜，总比分3比3战平对手，凭借进球多的优势逆转晋级。

中国情缘

曼联队与中国之间的渊源颇深。2004年，中国球员董方卓就曾经加盟曼联队，可惜的是，他大多数时间都被租借在外。直到2007年回国，他在正式比赛中一共只为曼联队出场3次，没有任何进球。

此外，博比·查尔顿爵士和亚历克斯·弗格森爵士都非常欣赏宿茂臻，曾经两次邀请他前往曼联队试训，遗憾的是，宿茂臻最终未能留在那里。

已经去世的博比·查尔顿爵士生前曾经多次来到中国访问，时间最早可以追溯到1986年。而在亚历克斯·弗格森爵士的带领下，曼联队也曾经多次开启中国行。

1999年，"红魔"首次来到中国，与上海申花队进行了一场友谊赛，结果2比0获胜。2005年，曼联队在北京工人体育场3比0大胜北京国安队，出场球员就包括C罗。2009年，曼联队在杭州8比2大胜杭州绿城队。2012年，"红魔"再度来到上海滩，在上海体育场1比0再胜上海申花队。

2016年，国际冠军杯在中国举行，曼联队1比4不敌多特蒙德队，随后在"鸟巢"举行的曼彻斯特德比被迫取消。2019年，国际冠军杯在上海虹口足球场举行，曼联队2比1击败热刺队。